Britta Mühl, Alisa Ljajic
Allah Unser

Britta Mühl, Alisa Ljajic: Allah Unser

Alle Rechte vorbehalten
© 2013 edition a, Wien
www.edition-a.at

Lektorat: Raphaela Brandner

Cover: Hidsch
Gestaltung: Raphaela Brandner
Druck: Theiss (www.theiss.at)

Gesetzt in der *Premiéra*

1 2 3 4 5 6 — 16 15 14 13

ISBN 978-3-99001-054-9

ALLAH UNSER

BRITTA MÜHL
ALISA LJAJIC

edition a

Inhalt

Wir stiegen am Wiener Westbahnhof ein, eine muslimische Studentin mit serbischen Wurzeln, die in Wien aufgewachsen ist, und eine Christin aus Zell an der Mosel in Deutschland, die ihres Studiums wegen in Wien lebt. Die eine wollte nach Belgrad, um von dort weiter in die Gegend um das serbische Novi Pazar zu reisen, aus der ihre Familie stammt. Die andere fuhr nach Budapest, um sich die Stadt anzusehen. Wir halfen uns gegenseitig, unser Gepäck über den Sitzen zu verstauen. Als sich der Zug nach Osten in Bewegung setzte, waren wir bereits in ein Gespräch vertieft. Wir sprachen zuerst über Wien und dann über Serbien und Deutschland. Darüber, was uns mit diesen Ländern verbindet, wer uns mit ihnen verbindet und wer uns mit ihnen verbunden hat. So kamen wir auf unsere Großmütter.

Leben nach dem Tod

Alisa: Wir hatten schon eine Weile gewusst, dass es mit ihr zu Ende ging, aber wir hatten nicht damit gerechnet, dass es so schnell gehen würde. Meine Mutter bekam den Anruf im Hochsommer. Meine Großmutter sei krank und hätte nur noch wenige Tage zu leben. Meine Mutter war schon auf dem Weg in den Sandžak, eine Region, die sich über den Nordosten Montenegros, den Südwesten Serbiens und teilweise über den Kosovo erstreckt, als sie mich vom Auto aus informierte. »Sie liegt im Krankenhaus«, sagte sie. »Wenn du sie noch einmal sehen willst, solltest du dich beeilen.«

Meine Großmutter liebte ihr kleines Haus mit dem großen, von einem Bach geteilten Garten in der kleinen Ortschaft Šare. Sie hatte dort ihr ganzes Leben verbracht und sich immer gewünscht, an diesem Ort auch zu sterben. Sie wäre niemals freiwillig in ein Krankenhaus gegangen. Deshalb zweifelte ich nicht am Ernst der Lage.

Das einzige Krankenhaus in der Nähe von Šare gab es in Novi Pazar. Dort mangelte es an vielem. Es gab zu wenige Betten, die Verpflegung war dürftig und die Kranken lagen zu viert in kleinen Zimmern oder in den Gängen. In meinem Heimatland ist es üblich, kranke Menschen oft zu besuchen. Wer einen Kranken besucht, besucht indirekt Gott. Das gilt als eine der besten Taten, die ein Mensch begehen kann. So sagt es auch der Prophet Mohammed.

Am Tag der Wiedererweckung wird Allah der Allmächtige und Majestätische sagen: »Oh Kind Adams, ich war krank und du hast mich nicht besucht.« Die Person wird sagen: »Oh Allah, wie könnte ich dich besuchen, wo du doch der Herr der Welten bist?« Allah wird sagen: »Wusstest du nicht, dass mein Diener Soundso krank gewesen ist und du hast ihn nicht besucht? Wusstest du nicht, dass du, wenn du ihn besucht hättest, mich bei ihm gefunden hättest?«

Obwohl ich sie selten sah, war mir meine Großmutter sehr wichtig. Vielleicht lag es an den Geschichten, die sie schon meiner Mutter erzählt hatte und die sie später mir erzählte. Etwa die von Jusuf, der durch Gottesgabe Träume deuten konnte. Es ist eine meiner Lieblingsgeschichten, die mich immer wieder an meine Großmutter erinnert.

Jusuf hatte elf Brüder, die eifersüchtig waren, weil ihr Vater ihn bevorzugte. Eines Tages warfen sie Jusuf in eine Zisterne. Als eine Karawane mit Händlern vorbeikam, verkauften sie ihn als Sklaven und erklärten ihrem Vater, ein Wolf hätte ihn getötet. Die Händler verkauften Jusuf weiter nach Ägypten, wo er ins Haus eines Hofbeamten kam. Er leistete gute Arbeit und machte sich aufgrund seiner Schönheit bei der Frau des Hofbeamten beliebt.

Britta: Als ihn die Frau des Hofbeamten verführen wollte, ließ er sie abblitzen, worauf sie ihn bei ihrem Mann verleumdete … Ich kenne die Geschichte. Sie steht auch in der Bibel. Bloß heißt Jusuf bei uns Josef.

9

Alisa: Erzähl du sie weiter.

Britta: Erzähl zuerst von deiner Großmutter. Auch meine Großmutter ist vor einiger Zeit gestorben.

Alisa: Wir, mein Mann und ich, fuhren die Nacht durch, von Wien aus über Budapest und Belgrad immer in Richtung Südosten. Als wir am nächsten Tag zu Mittag im Krankenhaus ankamen, saß meine Mutter mit einigen Verwandten am Bett meiner Großmutter und hielt ihre Hand. Die Luft war mangels Ventilatoren stickig und meine Großmutter konnte kaum atmen. Ich sah in ihren Augen, dass sie uns bald verlassen würde, doch ich wollte es nicht wahrhaben. »Es ist so heiß«, sagte sie. »Bringt mich nach Hause.«

Wir hätten sie tragen müssen. Mein Onkel war dagegen. Sie musste am nächsten Morgen Infusionen bekommen. »Wenn die anderen weg sind, hole ich dich ab«, sagte ich zu ihr. »Dann laufen wir aus dem Krankenhaus und nach Hause.« Ich strich ihr mit meiner Hand liebevoll über das Gesicht.

Sie nickte so gut sie konnte.

Wir trugen sie hinaus auf den Gang und setzten sie auf einen Stuhl. Ich fotografierte sie mit dem Handy, wie sie rauchte und die Haare meiner Mutter streichelte, die neben ihr am Boden hockte. »Wie war die Fahrt?«, sagte meine Großmutter zu ihr. »Bist du müde?«

»Ich bin nicht müde«, sagte meine Mutter. »Ich bin ja gekommen, um dich zu sehen.«

»Geh nach Hause, ruh dich aus und komm morgen wieder«, sagte meine Großmutter.

Meine Mutter schüttelte den Kopf. Wir spürten alle, dass es nicht mehr lange dauern würde. Ich spürte die Zeit. Die Zeit mit meiner Großmutter wurde so intensiv wie noch nie zuvor. Die ganze Familie versuchte jede Sekunde, jeden Moment einzuatmen. Wir wünschten uns, die Bewegungen meiner Großmutter, ihre Mimik und Gestik, ihre Worte niemals zu vergessen.

Nach einigen Stunden verabschiedeten wir uns dennoch. Ich ging als Letzte. Alle weinten. Als ich mich ihr näherte, nahm sie meine Hand und zog mich zu sich. Bevor sie etwas sagen konnte, flüsterte ich ihr ins Ohr. »Ich liebe dich, Oma.«

»Ich liebe dich auch, mein Kind.«

»Pass gut auf dich auf.«

»Pass du auch gut auf dich auf.«

»*As-salāmu ʿalaykum.*«

»*Wa-alaykum as-salām.*«

Der Friede sei mit dir.

Am nächsten Morgen war Ramiza, die Frau meines Onkels, bei ihr. Meine Großmutter fürchtete, sie würde nicht bis zu den Infusionen, die sie bekommen sollte, durchhalten.

»Komm«, sagte Ramiza und hob sie vorsichtig aus dem Bett. Meine Großmutter erschien ihr schwerer als zuletzt, weil sie ihre letzte Kraft verloren hatte, mitzuhelfen. Ramiza legte sie ins Bett zurück und betete ihr vor. Sie sprach das Gebet, das Muslime einem Menschen ins Ohr flüstern, wenn er zur Welt kommt und wenn er stirbt.

Es gibt keinen Gott außer Allah.
Mohammed ist sein Prophet.

Das ist unser Glaubensbekenntnis.

Meine Großmutter konnte das Gebet noch aus eigener Kraft wiederholen, ehe sie in Ramizas Armen starb.

Um fünf Uhr morgens läutete das Telefon meiner Mutter. Ich ahnte den Grund des Anrufs. Es war mein Onkel. Wir sollten alle schnell ins Krankenhaus kommen, weil meine Großmutter im Sterben lag.

Wir fuhren sofort los. Auf halbem Weg bekam meine Mutter noch einen Anruf, diesmal mit der Nachricht, dass meine Großmutter gestorben war. Ich umarmte meine Mutter und spürte eine unbeschreibliche Leere in mir.

Ramiza hatte es verdient, sie sterben zu sehen. Sie hatte sich in den vergangenen Jahren um sie gekümmert. Wir, mehr als 900 Kilometer entfernt, waren dazu nicht in der Lage gewesen.

Wir hatten nicht viel Zeit zu trauern. Wir mussten das Begräbnis vorbereiten. Nach den islamischen Riten muss ein Leichnam rasch begraben werden. Verbrennungen gibt es bei uns nicht und ich finde das auch gut so. Der Mensch entsteht im Leib seiner Mutter und wird dort zu einem Körper. So sanft und allmählich soll er zu Allah zurückkehren.

Wir mussten alle informieren und das Mahl für meine verstorbene Großmutter vorbereiten. Der Imam druckte für uns das immer gleich aussehende Totenblatt aus, das wir verteilten und aufhängten. Darauf stand der Name meiner Großmutter, dass sie am 2. Juli 2012 gestorben war und am Tag darauf in Šare begraben werden würde. Ganz unten steht bei uns auf Totenblättern ein sehr schöner Vers aus dem Koran.

Wir gehören Allah und zu ihm kehren wir zurück.

Wenn ein Muslim stirbt, schließt jemand seine Augen und seinen Mund. Er wird so gebettet, dass sein Kopf wie beim Gebet nach Mekka weist, entkleidet und mit einem Laken bedeckt, das, so wie das Kleid eines Pilgers, keine Nähte haben soll. Dies als Symbol dafür, dass ein Mensch nichts besitzt, wenn er zur Welt kommt, und die Welt mit nichts als seinen guten und schlechten Taten im Gepäck verlässt.

Der Körper meiner Großmutter durfte nicht lange im Krankenhaus bleiben, eine Regel aus der Zeit, als es noch keine wirkungsvollen Kühlanlagen gab und die Menschen Angst vor der Verwesung haben mussten. Verstorbene kommen, wenn es möglich ist, vor dem Begräbnis traditionell ins Haus der Hinterbliebenen.

In Šare war meine Großmutter geboren worden, dort hatte sie geheiratet und ihr ganzes Leben verbracht. Šare hat gerade einmal 150 Einwohner, aber für sie waren das Dorf und ihr Haus mit dem Bach immer die Welt gewesen.

Wir borgten uns einen Bestattungswagen aus, legten meine Großmutter darin auf ein Holzgestell und bedeckten sie mit dem Laken. So brachten wir sie nach Šare, wo wir sie im Wohnzimmer ihres Hauses auf den Boden legten, wie es üblich ist. Alle Verwandten, Bekannten und Nachbarn konnten sich so ein letztes Mal in ihrem eigenen Haus von ihr verabschieden.

Weil in dieser Gegend alle Menschen miteinander verbunden sind, war das Haus voll mit Trauernden. Sie beteten und weinten. Erst jetzt, da alles Organisatorische erledigt war, begriff auch ich, dass wir meine Großmutter gerade zum letzten Mal sahen.

In der Nacht durften nicht alle schlafen. Mindestens zwei Männer mussten jeweils Wache halten. Doch wir blieben fast alle auf. Auch ich schlief kaum.

Am nächsten Morgen fuhr ich mit meiner Mutter zur Moschee, wo uns der Imam und seine Frau erwarteten. Seine Frau würde das rituelle Waschen des Körpers meiner Großmutter vornehmen. Das ist strenge Vorschrift im Islam. Männliche Verstorbene werden, mit lauwarmem Wasser, von Männern gewaschen, weibliche von Frauen.

Ohne diese Waschung darf ein Leichnam nicht begraben werden. Jeder Mensch soll nach dem Islam die Erde so verlassen, wie er gekommen ist, mit einem vollkommen reinen Körper.

Wir nahmen den Imam und seine Frau mit nach Šare. Es gibt zwar in jeder Moschee einen Raum für die Waschung der Leichname, doch ich finde diese Räume kalt

und abweisend. Die Frau des Imams wusch meine Großmutter im Garten ihres Hauses mit dem Wasser aus dem
Bach, das sie zuvor in der Küche leicht anwärmte. Die
Sonne schien. Ich wusste, dass meine Großmutter es sich
so gewünscht hätte. Der Bach floss nahe der Haustür vor-
bei und sie war dort stundenlang gesessen, hatte seinem
Gurgeln und Rauschen zugehört und geraucht.

Die Frauen versammelten sich im Haus, die Männer
saßen draußen im Garten. Die Frau des Imams sprach
mit uns über den Islam, über den Sinn der rituellen Waschung und darüber, warum es in unserer Gesellschaft
unüblich ist, dass Frauen mit zum Begräbnis kommen.
Trauern, sagte sie, sei gut, aber es sei nicht gut, in Hys-
terie zu verfallen. Denn alles habe seine Ordnung. Jeder
Mensch gehöre Allah und würde zu ihm zurückkehren.
Wir Frauen, sagte sie, könnten würdevoller trauern, wenn
wir warteten, während die Männer den Verstorbenen
zum Friedhof trugen und begruben.

Bei einem Begräbnis sei die Stille ein Geräusch, sagte
die Frau des Imams. Alle würden für sich beten und das
Weinen und Schreien der Frauen würde nur ablenken.

Dass Frauen nicht mit zum Begräbnis gehen, ist keine religiöse Vorschrift, sondern eine Tradition, die ich
gut und beruhigend finde. Ich hatte meine Mutter inzwischen mehrmals in Ohnmacht fallen gesehen und das
schreckliche Weinen der Frauen am Leichnam meiner
Großmutter gehört.

Wir Frauen blieben im Garten zurück, als die Männer
zum Friedhof aufbrachen. Ich sah zu, wie sie meine Groß-

mutter forttrugen. Vier schweigende Männer schulterten den Sarg und die übrigen gingen hinterher, immer wieder unser Glaubensbekenntnis wiederholend.

Es gibt keinen Gott außer Allah.
Mohammed ist sein Prophet.

Als der Zug verschwunden war, sah ich hinüber zu dem Apfelbaum am Bach, unter dem meine Großmutter am liebsten gesessen war. Ein Vers, der mich etwas beruhigte, weil ich begriff, dass alles von Allah vorherbestimmt ist, kam mir in den Sinn.

Wenn sich der Todestag eines Menschen nähert, lässt Allah von dem Baum unter seinem Thron das Blatt fallen, auf dem der Name dieses Menschen steht.

Als wir die Männer mit dem Sarg nicht mehr sehen konnten, fiel plötzlich eine Stille über uns. Wir Frauen saßen im Garten versammelt und das Einzige, was in diesem Moment zu hören war, war das Plätschern des Baches, der durch den Garten floss. Es war so schwer zu verstehen, dass sie nicht mehr da ist, und damit meine ich ihren Körper, denn ihre Seele wird für uns immer ganz nah sein, ganz egal, wo wir uns befinden. Im Herzen ist meine Großmutter mir am nächsten, bis zu dem Tag, an dem wir uns im Jenseits wiedersehen werden.

Nach einiger Zeit kam mein Mann mit den anderen zurück und sagte, dass es wirklich hart gewesen sei. Als die Söhne ihre Mutter ins Grab hinabließen, hätte er ihnen angesehen, dass es etwas vom Schwersten war, das sie je in ihrem Leben tun mussten.

Wir versammelten uns im Garten, wo der Imam aus dem Koran die Sure »Ya-Sin« betete. Danach fand das gemeinsame Essen zum Gedenken der Seele meiner Großmutter in ihrem Garten statt. Die Gerichte standen auf Sofras, niedrigen runden Tischen, und wir saßen auf Schaumstoffmatten am Boden. Es gab Obst, Gemüse und das für unsere Region typische Birijan. Das Gericht besteht aus gebratenem Fleisch und Reis, gewürzt mit rotem Paprika und der Gewürzmischung Vegeta, die in dieser Gegend wie Salz verwendet wird.

Danach besuchten uns eine Weile Freunde und Verwandte, um uns ihr Beileid auszusprechen, und wir hießen sie mit Kaffee willkommen. Nach drei Tagen hörten die Kondolenzbesuche langsam auf. Die gemeinsame Trauer fand nun nur noch innerhalb der engsten Familie statt. Dabei bemerkte ich, wie schlecht meine Mutter mit dem Tod meiner Großmutter zurechtkam. Sie litt darunter, nicht mehr mit ihr reden zu können. Monate später erzählte sie mir, wie gern sie von ihr geträumt hätte, um ihr zumindest im Traum nahe sein zu können.

Ich selbst habe einmal von meinem verstorbenen Großvater geträumt. Ich rannte auf einem Fest auf ihn zu. Ich umarmte ihn und sagte ihm, wie sehr ich ihn vermissen würde. Ich konnte ihn im Traum sogar riechen. Das brachte mich zum Weinen. Wenn wir von einem Toten träumen, schickt ihn Allah zu uns, um uns Hoffnung zu geben, glaube ich. Er soll uns sagen, dass es einen schönen Ort gibt, an den wir alle zurückkehren, das Paradies.

Laut dem Islam kommt ein Mensch allerdings nicht automatisch ins Paradies. Der Weg dorthin ist komplex und voller Prüfungen. Von der ersten erzählte mir meine Großmutter, als ich noch klein war, wobei sie den Vorgang für mich vereinfachte, damit ich ihn besser verstehen konnte. Wenn ein Mensch sterbe, würden ihn die beiden Engel Munkar und Nakir in seinem Grab aufsuchen und ihm drei Fragen stellen, sagte sie.

Wer ist dein Herr?
Was ist deine Religion?
Wer ist dein Prophet?

Das Tor zum Paradies würde nur jenen geöffnet, die die richtigen Antworten auf diese drei Fragen kennen.

Allah ist mein Herr.
Der Islam ist meine Religion.
Mohammed ist mein Prophet.

Wer die richtigen Antworten nicht kenne, komme in die Hölle, in der es heiß und qualvoll sei. Doch die Hölle sei nie endgültig. Wenn sich die Reue eines Menschen selbst heiß und qualvoll anfühle, bleibe der Weg ins Paradies für ihn offen. Wie es dort aussieht, steht im Koran.

Die aber glauben und gute Werke üben, sind die bes-
ten Geschöpfe. Ihr Lohn ist bei ihrem Herrn: Gärten
der Ewigkeit, von Strömen durchflossen. Darin wer-
den sie weilen auf immer. Allah ist mit ihnen wohl-
zufrieden und sie wohlzufrieden mit ihm. Das ist für
die, die ihren Herrn fürchten.

Im Paradies werden Adam und Eva von Iblis, der nach islamischer Auffassung zu der Welt der Dschinn gehört, dazu verführt, von dem verbotenen Baum zu essen. Die Dschinn sind eine Schöpfung Allahs, der sie aus Feuer erschuf. Sie unterscheiden sich sowohl von den Engeln als auch von den Menschen, allerdings besitzen sie wie die Menschen Vernunft und können zwischen Gut und Böse unterscheiden.

Nachdem Adam und Eva von dem Baum gegessen ha-ben, verstehen sie, dass sie einen Fehler gemacht haben. Sie schämen sich. Allah vergibt ihnen. Durch die Prü-fung im Paradies bereitet Allah Adam für seine Rolle auf der Erde als Statthalter und als Prophet Gottes vor. Aus dieser Erfahrung lernt Adam die Lektion, dass Iblis ein listiger, undankbarer und verschworener Feind der Menschheit ist.

Britta: In der Bibel liest sich der Sündenfall weitaus dra-matischer. Die Schlange zerstört das Vertrauen Adams und Evas in Gott. Sie redet ihnen ein, dass Gott ihnen et-was vorenthalte. Wenn Adam und Eva vom Baum der Er-kenntnis äßen, wären sie selbst wie Gott. Der Sündenfall führt also zu einem Verlust des Vertrauens des Menschen in Gott, zu einer Entfremdung von ihm, zur Ursünde, deren Folge der Tod ist.

Alisa: Das Paradies ist etwas, das wir alle noch nicht gesehen haben, daher kann jeder nur seine eigenen Vorstellungen davon entwickeln. In der Vorstellung meiner Großmutter waren die Gärten der Ewigkeit, von Strömen durchflossen, wohl ihr Grund mit dem Bach. Ich stelle mir das Paradies als einen hellen, fröhlichen und sehr bunten Ort vor. Einen Ort, an dem es keine Zeit und keinen Raum gibt, dafür ein Meer an Frieden. Wenn wir im Paradies ankommen, haben wir alle Erfahrungen schon gemacht und finden nun gemeinsam mit unseren Familien Ruhe. Der Koran beschreibt die unvorstellbare Größe des Paradieses bildhaft. Eine Stelle gefällt mir besonders gut.

> *Es gibt im Paradies einen Baum, in dessen Schatten ein Reiter hundert Jahre lang reiten kann, ohne je den äußeren Rand des Schattens zu erreichen.*

Britta: Auch mir hat meine Großmutter Josefs Geschichte erzählt. Sie lebte bei uns in einem mehr als hundert Jahre alten, typischen Moselhaus mit Stuck um die Fenster, knarrenden Treppen, hohen Räumen und einem Dach aus Schiefer. Nur ihre letzten zwei Lebensjahre verbrachte sie im Seniorenheim. Meine Eltern arbeiteten hart in unserem Weingut, weshalb ich praktisch bei ihr aufwuchs. Wenn meine Eltern weg waren, beteten wir abends gemeinsam am Bett. Es waren alte Gebete aus der Zeit, als meine Großmutter selbst noch ein Kind war.

Heiliger Schutzengel mein
Lass mich dir anbefohlen sein.
Bei Tag und Nacht ich bitte dich,
Behüte und beschütze mich.
Amen.

Die Geschichte über Josef und seine elf Brüder mochte ich wegen ihrer vielen überraschenden Wendungen. Vom Hofbeamten Potiphar ins Gefängnis geworfen, trifft Josef den Mundschenk des Pharaos und seinen Bäcker. Beide bitten ihn, ihre rätselhaften Träume zu deuten. Der Mundschenk träumte, er reiche dem Pharao einen Becher mit Wein von drei Reben, wohingegen der Bäcker träumte, er trage auf seinem Kopf drei Körbe Gebäck zum Pharao, das unterwegs die Vögel fraßen. Josef deutet die Träume so, dass der Mundschenk in drei Tagen wieder beim Pharao arbeiten werde, während der Bäcker in drei Tagen am Galgen hängen werde. Josef bittet den Mundschenk, nach seiner Befreiung dem Pharao von seiner Kunst der Traumdeutung zu erzählen und ihm zu sagen, dass er unschuldig sei …

Alisa: … Tatsächlich stellt sich heraus, dass der Mundschenk kein Unrecht getan hat. Er darf das Gefängnis verlassen, vergisst aber Jusufs Bitte …

Britta: ... Doch als der Pharao an schlimmen Träumen leidet, erinnert sich der Mundschenk wieder an Josef. Der Pharao hat von sieben fetten Ähren und von sieben mageren Ähren, welche die fetten Ähren verschlangen, geträumt. In einem anderen Traum hat er sieben fette Kühe aus dem Nil steigen sehen, denen sieben ausgemergelte folgten, die alle fetten verschlangen. Josef deutet, dass sieben fette Jahre mit reicher Ernte bevorstehen und darauf sieben magere folgen werden. Deshalb empfiehlt er dem Pharao, die Vorräte aus den fetten Jahren so anzulegen, dass das Land in den schlechten Jahren davon zehren kann. Josef wird aufgrund seines Rates Verwalter und nach dem Pharao der mächtigste Mann im Reich.

Während der Hungersnot kommen Josefs Brüder von Kanaan nach Ägypten, um Korn zu kaufen. Zunächst untersagt Josef dies und wirft ihnen Spionage vor. Daraufhin erklären sie ihm, dass sie eine große Familie hätten und daher das Korn dringend bräuchten. Als Josef erfährt, dass sie den jüngsten Bruder Benjamin zu Hause zurückgelassen haben, schickt er sie fort, um ihn zu holen. Er füllt ihre Säcke mit Getreide und legt das Geld, das eigentlich die Bezahlung sein sollte, dazu. Einen der Brüder behält er als Geisel, damit sie tatsächlich mit Benjamin zurückkehren.

Einige Zeit später brechen die Brüder erneut nach Ägypten auf. Weil sie ihr Wort gehalten und Benjamin mitgebracht haben, veranstaltet Josef, der bis dahin unerkannt bleibt, ein Festmahl für alle. Er gibt ihnen die mit Korn und ihrem Geld gefüllten Säcke, wobei er seinen goldenen Trinkbecher in Benjamins Sack versteckt. Als die Brüder auf dem Heimweg sind, jagt er ihnen seine Truppen hinterher. Diese schneiden die Säcke auf, finden den Becher und schleppen Josefs Brüder als Diebe zurück.

Josef will Benjamin als Strafe für den vermeintlichen Diebstahl als Sklaven behalten. Die Brüder weinen und bitten um Benjamins Freiheit. Sie erzählen Josef, dass Benjamin der Lieblingssohn ihres Vaters sei, der schon einen Lieblingssohn verloren habe und einen weiteren Verlust nicht verkraften würde.

Josef erkennt, dass seine Brüder ihre Schuld an ihm bereuen, und gibt sich zu erkennen. Die Brüder ziehen nach Hause, holen den Vater und die Großfamilie lebt nach der Wiedersehensfreude in Ägypten.

Alisa: Am stärksten finde ich die Szene im Gefängnis. Als Jusuf den letzten Rest seiner Hoffnung zu verlieren droht und seinen Halt bei Allah findet. Jusufs Vertrauen auf Allahs Zuwendung und sein Bekenntnis zu Allah zeigt sich in dieser Szene am eindrucksvollsten.

Britta: Diese Szene gibt es so in der Bibel nicht. Die Idee ist aber die gleiche. Trotz seines dramatischen Schicksals bleibt Josef sich stets selbst treu und vertraut auch in den schwierigsten Lebenssituationen auf Gott, der ihn auf seinem Weg leitet und begleitet.

Alisa: Wolltest du nicht von deiner Großmutter erzählen?

Britta: Es war ähnlich wie bei deiner. Keiner hatte damit gerechnet, dass es am Ende so schnell gehen würde. Dabei war es im Winter davor schon einmal knapp gewesen. Die Ärzte hatten gesagt, dass ihre Nieren angeschlagen seien und dass es gefährlich werden könnte, wenn sie noch einmal krank würde. Als es im Frühling tatsächlich so war, gaben sie ihr trotzdem wieder gute Chancen.

Kurz vor ihrem Tod besuchten wir sie im Krankenhaus. »Wenn du im Sommer Weinkönigin wirst, binde dir bitte die Haare hoch«, sagte sie zu mir, als ich zur Tür hinausging.

Ich sollte im Juni auf unserem Weinfest zur Weinkönigin gekrönt werden. Schon im April hatte unsere regionale Zeitung über die Wahl berichtet und meine Großmutter hatte den Artikel überall stolz herumgezeigt. Ich hatte damals lange, volle Haare, für deren Zustand sie mich als Kind oft gerügt hatte.

»Wenn du im Sommer Weinkönigin wirst, binde dir bitte die Haare hoch.«

Das war der letzte Satz, den ich von ihr hören sollte. Meine Eltern wollten noch nach Dresden in Urlaub fahren, doch ich ahnte schon, was passieren würde. Sie wollten mir nicht glauben. Bis kurz vor dem ersten Mai der Anruf aus dem Krankenhaus kam.

Ihr Zustand hatte sich radikal verschlechtert. Sie wusste, dass es so weit war, und wollte ihre Familie um sich

haben. Wir waren alle bestürzt und brachen in Tränen
aus. Meine Mutter, mein Bruder und ich fuhren gemeinsam ins Krankenhaus. Mein Vater kam vom Weinkeller
hin. Mein Onkel, seine Frau und meine beiden Cousinen
kamen ebenfalls.

Meine Großmutter lag im Krankenhaus St. Josef in Zell
an der Mosel. Es ist ein älteres Gebäude, aber es ist sauber
und die Versorgung ist gut. Als wir im Intensivzimmer
ankamen, war sie schon nicht mehr ansprechbar.

Eine meiner Cousinen brach in Tränen aus. Ich spürte, dass ich für meine Großmutter da sein und stark sein
musste. Sie atmete nur noch schwer, weil sich ihre Lun-
ge bereits mit Wasser füllte. Wir ließen den Kranken-
hauspfarrer rufen.

Gewöhnlich nimmt der Priester sterbenden Menschen
die Beichte ab, damit sie ohne seelische Belastungen loslassen können. Da meine Großmutter nicht mehr sprechen konnte, sprachen wir das Schuldbekenntnis für sie.
Im Anschluss daran erneuerten wir gemeinsam unseren
Glauben.

Ich glaube an Gott, den Vater, den Allmächtigen, den
Schöpfer des Himmels und der Erde, und an Jesus
Christus, seinen eingeborenen Sohn, unseren Herrn.
Empfangen durch den Heiligen Geist, geboren von
der Jungfrau Maria, gelitten unter Pontius Pilatus,
gekreuzigt, gestorben und begraben. Hinabgestiegen
in das Reich des Todes, am dritten Tage auferstanden
von den Toten, aufgefahren in den Himmel. Er sitzt

*zur Rechten Gottes, des allmächtigen Vaters. Von
dort wird er kommen zu richten die Lebenden und
die Toten. Ich glaube an den Heiligen Geist, die heilige katholische Kirche, Gemeinschaft der Heiligen,
Vergebung der Sünden, Auferstehung der Toten und
das ewige Leben. Amen.*

Danach salbte der Priester die Stirn und die Hände meiner Großmutter mit dem Krankenöl. Dabei sprach er die
dafür vorgesehenen Worte.

*Durch diese heilige Salbung helfe dir der Herr in sei-
nem reichen Erbarmen, er stehe dir bei mit der Kraft
des Heiligen Geistes: Der Herr, der dich von Sünden
befreit, rette dich, in seiner Gnade richte er dich auf.*

Das Krankenöl, das den Sterbenden auf die Auferstehung
vorbereiten soll, erinnert an das Chrisamöl, mit dem
Täuflinge gesalbt werden. In der Geschichte Israels war
es das Öl der Könige. Im Ritus der Taufe betont es die kö-
nigliche Würde des Menschen.

Dann sprachen wir gemeinsam das Vaterunser und
der Priester legte meiner Großmutter die heilige Kom-
munion als Wegzehrung in den Mund. Sie ist eine Stär-
kung im Sterben und ein Zeichen dafür, dass Gott bei ihr
ist und sie erlösen wird. Schließlich folgte das Schluss-
gebet und der Priester erteilte allen den Segen.

Als sich der Zustand meiner Oma etwas stabilisierte,
entschieden wir, dass sie ins Sterbezimmer gelegt wer-

den solle, heraus aus dem nüchternen in einen gemütlicheren Raum.

Meine Cousinen gingen, denn sie mussten noch arbeiten. Mein Vater und mein Onkel verhielten sich ruhig und zurückhaltend. Meine Mutter und ich hielten abwechselnd die Hand meiner Großmutter und meine Tante streichelte ihr über die Haare. Einmal wachte sie kurz auf, umklammerte meinen Arm und zog sich hoch. Sie öffnete die Augen und es flossen Tränen heraus. Sagen konnte sie nichts mehr.

»Wenn du im Sommer Weinkönigin wirst, binde dir bitte die Haare hoch.«

Jetzt stand fest, dass ich nichts anderes mehr von ihr hören würde. Sie lag an eine Morphiumampulle angeschlossen im Sterben und würde nicht mehr sprechen können. »Oma, du kannst gehen, wir sind bei dir«, sagte meine Mutter zu ihr, denn wir hatten den Eindruck, dass sie sich noch am Leben festklammerte.

Wir blieben, bis wir alle an ihrem Bett einschliefen. Die Nachtschwester schickte uns heim. Sie sagte, wir sollten uns ausschlafen, es würde noch eine Weile dauern.

Am nächsten Tag fuhren mein Vater und ich alleine ins Krankenhaus. Wir riefen wieder den Priester. Zum Abschluss beteten wir gemeinsam einen Psalm.

Der Herr ist mein Hirte, nichts wird mir fehlen. Er lässt mich lagern auf grünen Auen und führt mich zum Ruheplatz am Wasser. Er stillt mein Verlangen,

er leitet mich auf rechten Pfaden, treu seinem Namen.
Muss ich auch wandern in finsterer Schlucht, ich
fürchte kein Unheil. Denn du bist bei mir, dein Stock
und dein Stab geben mir Zuversicht.
Du deckst mir den Tisch vor den Augen meiner Fein-
de. Du salbst mein Haupt mit Öl, du füllst mir reich-
lich den Becher.
Lauter Güte und Huld werden mir folgen mein Leben
lang, und im Haus des Herrn darf ich wohnen für lan-
ge Zeit.

Der Priester ging. Ich merkte, dass sein Besuch meiner Großmutter gutgetan hatte. Sie drückte meine Hand leicht. Wir verbrachten den Tag an ihrem Bett und ich betete, dass sie nicht mehr lange leiden müsse. Mein Onkel und meine Tante kamen ebenfalls.

Die Nachtschwester schickte uns auch dieses Mal heim. Viele Menschen könnten in Gegenwart ihrer Verwandten nicht loslassen, sagte sie. Wir sollten ihr eine Chance geben, es alleine zu schaffen. Um drei Uhr nachts läutete dann das Telefon. Die Schwester sagte uns, dass meine Großmutter gerade gestorben sei. Wir wollten sofort zu ihr, doch die Schwester meinte, wir sollten erst ausschlafen und Kraft sammeln.

Wir frühstückten gemeinsam, mein Vater, meine Mutter, mein Bruder und ich. Zum ersten Mal sprachen wir über den Tod meiner Großmutter, trösteten uns gegenseitig und versuchten, damit klarzukommen. »Oma muss gespürt haben, dass nach dem Tod noch etwas kommt«, meinte meine Mutter, »sonst wäre sie am Ende nicht so friedlich eingeschlafen.«

Danach riefen wir ihre alten Freundinnen an, die jeden Tag bei ihr gewesen waren. Mit einigen von ihnen hatte sie ihr ganzes Leben verbracht. Eine der Frauen erzählte, meine Großmutter hätte sie in der Woche vor ihrem Tod dreimal angerufen, um sich von ihr zu verabschieden.

Es folgte das Organisatorische. Wir gaben eine Annonce auf und gestalteten den »Totenzettel«, ein Kärtchen mit Geburts- und Sterbedatum sowie Ort und Termin der Beerdigung, den bei uns der Zeitungsausträger in die Briefkästen wirft. Wir entschieden uns gemeinsam für die folgenden Bibelverse.

Alles hat seine Stunde.
Für jedes Geschehen unter dem Himmel gibt es eine
bestimmte Zeit.
Eine Zeit zum Gebären und eine Zeit zum Sterben.
Eine Zeit zum Pflanzen und eine Zeit zum Abernten
der Pflanzen.
Eine Zeit zum Töten und eine Zeit zum Heilen.
Eine Zeit zum Niederreißen und eine Zeit zum Bauen.
Eine Zeit zum Weinen und eine Zeit zum Lachen.
Eine Zeit für die Klage und eine Zeit für den Tanz.
Eine Zeit zum Steinewerfen und eine Zeit zum Stei-
nesammeln.
Eine Zeit zum Umarmen und eine Zeit, die Umar-
mung zu lösen.

Eine Zeit zum Suchen und eine Zeit zum Verlieren.
Eine Zeit zum Behalten und eine Zeit zum Wegwer-
fen.
Eine Zeit zum Zerreißen und eine Zeit zum Zusam-
mennähen.
Eine Zeit zum Schweigen und eine Zeit zum Reden.
Eine Zeit zum Lieben und eine Zeit zum Hassen.
Eine Zeit für den Krieg und eine Zeit für den Frieden.

Ein Engelsmotiv schmückte das Kärtchen, genau wie ihren Grabstein. Engel spielten eine wichtige Rolle im Leben meiner Großmutter. Besonders im hohen Alter hatte sie mir oft erzählt, dass sie von Engeln träumte. Deshalb hatte sie das Schutzengelgebet besonders gerne mit mir gebetet.

Heiliger Schutzengel mein
Lass mich dir anbefohlen sein.
Bei Tag und Nacht ich bitte dich,
Behüte und beschütze mich.
Amen.

Alisa: Auch im Islam gibt es Schutzengel. Sie sind damit beauftragt, sich vor und hinter einem Menschen zu befinden und sie vor dem Schlechten zu schützen. Im Islam gibt es viele Engel mit unterschiedlichen Funktionen. Der Engel Dschibril, zu Deutsch Gabriel, ist einer der bedeutendsten, da er die Aufgabe hat, den Gesandten Allahs und anderen Menschen Botschaften Allahs zu überbringen. Er war es auch, der dem Propheten Mohammed den Koran brachte und Meryem, zu Deutsch Maria, verkündigte, sie würde den Propheten Isa, zu Deutsch Jesus, zur Welt bringen.

»Herr, wie sollte ich ein Kind bekommen, wo mich kein Mensch berührt hat?«, sagte Meryem zu Dschibril.

»So ist Allah«, antwortete Dschibril. »Er erschafft, was er will. Wenn er seine Sache beschließt, dann sagt er zu ihr nur: Sei. Und da ist sie.«

Zwei besondere Engel, von denen mir meine Großmutter erzählte, als ich klein war, und die mich immer faszinierten, sind die »Ehrenhaften Schreiber«. Jeder Mensch wird sein gesamtes Leben hindurch von zwei Engeln begleitet. Der Engel zur Rechten schreibt alle guten Worte und Taten auf, der Engel zur Linken alles Schlechte.

Diese Verzeichnisse der guten und bösen Taten werden den Menschen am Tag des Gerichts vorgelegt und sind entscheidend für das Urteil. Bevor ein Muslim das rituelle Gebet beendet, grüßt er deshalb mit einer bestimmten Kopfbewegung nach rechts und nach links, jeweils auf die Schulter schauend. Damit grüßt er die beiden Schreiberengel.

Britta: Auch in der Bibel erscheint Gabriel Maria und kündigt ihr die Geburt Jesu an. Sie wundert sich darüber, weil sie mit keinem Mann geschlafen hat.

»Du wirst ihn von Gott empfangen, und für Gott ist nichts unmöglich«, sagt Gabriel zu ihr.

Wie von Josef und seinen Brüdern, dem Erzengel Gabriel, Jesus und Maria erzählen beide, Bibel und Koran, auch von Abraham.

»Zieh in das Land, das ich dir zeigen werde, dann mache ich deine Nachkommen zahlreich wie die Sterne am Himmel und den Sand am Meeresstrand«, sagt Gott zu ihm.

Abraham nimmt sein ganzes Hab und Gut und zieht ins Ungewisse, obwohl er schon ziemlich alt ist und seinen Lebensabend in Wohlstand hätte genießen können. Er fängt komplett neu an.

Alisa: Im Koran schaut Ibrahim, wie er dort genannt wird, in den Himmel und sieht einen Stern. »Das ist mein Herr«, sagt er. Doch am Morgen verschwindet der Stern. »Ich liebe nicht die Untergehenden«, sagt Ibrahim. Als er den Mond sieht, erklärt er ihn zu seinem Herrn. Nachdem auch er verschwindet, meint Ibrahim, dass die Sonne das Größte und damit sein Herr sein müsse. Als auch die Sonne untergeht, formuliert Ibrahim seinen Glauben. »Oh mein Volk«, sagt er. »Ich habe nichts zu tun mit dem, was ihr anbetet. Ich wende mich nun demjenigen zu, der Himmel und Erde erschaffen hat.«

Aber jetzt sind wir ganz von deiner Großmutter abgekommen …

Britta: Nach ihrem Tod planten wir mit dem Pfarrer im Trauergespräch den Ablauf der Beerdigung, kümmerten uns um den Bestatter und suchten beim Floristen gelbe

Rosen aus, weil meine Großmutter sie geliebt hatte. Wir sprachen dabei so viel über sie, dass sie beinahe wieder lebendig wurde.

Um das Waschen, Einkleiden und Aufbahren kümmerte sich der Bestatter. Wir gaben ihm das lilafarbene Lieblingskleid meiner Großmutter. Wir konnten uns von ihr am Sarg verabschieden, ehe ihn der Bestatter zum Krematorium brachte. Ich ging nicht zu dieser Verabschiedung. Ich war mir sicher, dass sie schon im Himmel war, und hatte auf eine kindliche Weise Angst, dass der Anblick ihres Leichnams diese Annahme zerstören würde.

Ich mag Einäscherungen eigentlich nicht, weil sie rein mechanisch ablaufen und nicht in rituelle Handlungen eingebunden sind. Außerdem stehen sie für mich auch ein wenig in Kontrast zu einem Satz, der in der Bibel steht.

Von der Erde bist du genommen und zur Erde kehrst du zurück.

Bei einer Einäscherung der sterblichen Überreste gibt es kein allmähliches Zurückkehren zur Erde. Meine Großmutter hatte sich sogar Sorgen gemacht, dass sie auf diese Weise vielleicht nicht auferstehen könnte, aber dann überwogen pragmatische Gründe. Bei der Beerdigungsmesse war ich für die Lesung zuständig. Ich las eine Stelle aus dem zweiten Korintherbrief.

Wenn unser irdisches Zelt abgebrochen wird, haben wir eine Wohnung von Gott, ein nicht von Menschenhand errichtetes, ewiges Haus im Himmel.

Nach der Messe gingen wir zur Beerdigung auf den Friedhof. Die Frauen und Männer versammelten sich für das Begräbnis. In der Bibel gibt es zwischen beiden keinen Unterschied, jedenfalls nicht im religiösen Sinn.

Alisa: Den gibt es auch im Koran nicht. Meinem Verständnis nach haben Männer und Frauen im Koran gleich viel Wert, sie genießen beide die gleiche Aufmerksamkeit. Es gibt im Koran auch mehrere Stellen, die das verdeutlichen. Eine ist mir besonders wichtig. Darin spricht Allah. Er verwendet für sich selbst den Majestätsplural »Wir«.

Wahrlich, Wir lassen das Werk des Wirkenden unter Euch, ob Mann oder Frau, nicht verloren gehen. Die einen von Euch sind von den anderen.

Auch bezüglich ihrer religiösen Handlungen sind Frauen und Männer gleichgestellt.

Diejenigen aber, die handeln, wie es recht ist, seien es nun Mann oder Frau, werden in das Paradies eingehen und nicht im Geringsten Unrecht erleiden.

Wenn die Männer bevorzugt würden, wäre das Unrecht an allen Frauen.

Was das Begräbnis betrifft, geht es nicht um das Trauern oder das Weinen allgemein, sondern um unerwünschtes hysterisches Verhalten, zu dem Frauen in ihrer Trauer eher neigen. Frauen sind nun einmal von Natur aus emotionaler als Männer und haben daher ihre Trauer schwerer unter Kontrolle. Mohammed stellt das in einer seiner Überlieferungen, einem sogenannten Hadith, klar.

> *Hütet euch vor satanischen Schreien, das heißt vor durchdringenden Schreien, vor dem Gezeter, die das Weinen um den Verstorbenen begleiten. Wisst, was aus den Augen und aus dem Herz geht, Tränen und eine leichte herzliche Trauer, ist vom Allmächtigen, das ist die Äußerung der Barmherzigkeit, das ist ein natürlicher Teil der geistigen Fähigkeiten eines Menschen. Was die Hände und die Zunge betrifft, wenn man sich die Haare rauft, Kleidungen zerreißt, rasend schreit, so ist es vom Satan.*

Britta: Auch in der Bibel gibt es viele Aussagen über die Trauer und das Trösten. Paulus schreibt im ersten Thessalonicherbrief:

> *Trauert nicht wie jene, die keine Hoffnung haben.*

Denn er weiß, dass Jesus gesagt hat:

> *Ich bin die Auferstehung und das Leben. Wer an mich glaubt, wird leben, auch wenn er stirbt, und je-*

der, der lebt und an mich glaubt, wird auf ewig nicht
sterben. (...) Seid gewiss, ich bin bei euch alle Tage
bis zum Ende der Welt.

Und ganz am Ende der Bibel heißt es:

Er (Gott) wird alle Tränen von ihren Augen abwi-
schen: Der Tod wird nicht mehr sein, keine Trauer,
keine Klage, keine Mühsal. Denn was früher war, ist
vergangen.

Schließlich ist der Tod gemäß der Bibel nichts Schlimmes. Sie sagt, dass wir nur Gast auf Erden sind, während
unser eigentliches Zuhause im Himmel ist.

Einen Sarg schultern auch bei uns natürlich die Männer. Eine Urne trägt meist der Bestatter. Mein Heimatort
liegt unten an der Mosel, während der Friedhof oben in
den Steilhängen der Weinberge angelegt ist. Das Grab
meiner Großmutter befindet sich auf der obersten Ter-
rasse des Friedhofes. Von dort ist der Blick über das Mo-
seltal besonders schön. Am Tag der Beerdigung glitzer-
te der Fluss im Sonnenlicht. Messdiener gingen dem
Trauerzug mit Kreuz und Weihrauch voraus. Der Priester betete während der Prozession zur Sammlung den
Rosenkranz vor. Am Friedhof begrüßte er alle und sprach
ein paar persönliche Worte. Dann folgten die Kyrie-Rufe.
Kyrie kommt vom griechischen »Kyrios« und bedeutet
»Herr«. Wir riefen damit Gott an, meine Großmutter bei
sich aufzunehmen.

Während der Bestatter die Urne ins Grab hinabließ, sang der Priester:

> *Zum Paradies mögen Engel dich geleiten,*
> *Die heiligen Märtyrer dich begrüßen*
> *Und dich führen in die heilige Stadt Jerusalem.*
> *Die Chöre der Engel werden dich empfangen*
> *Und durch Christus, der für dich gestorben ist,*
> *soll ewiges Leben dich erfreuen.*

Zunächst besprengte der Priester die Urne mit Weihwasser, um an die Taufe meiner Großmutter zu erinnern. Durch die Taufe war sie in die christliche Glaubensgemeinschaft aufgenommen worden.

Indem der Priester Weihrauch über das Grab schwenkte, erwies er ihr Ehre. Diese Geste zeigt, dass Gott immer einen Platz in ihrem Herzen gehabt hatte. Dann warf er Erde auf die Urne.

> *Von der Erde bist du genommen und zur Erde kehrst*
> *du zurück.*

Er machte ein Kreuzzeichen über das Grab. »Das Zeichen unserer Hoffnung, das Kreuz unseres Herrn Jesus Christus, sei aufgerichtet über deinem Grab«, sagte er. »Der Herr schenke dir seinen Frieden.«

Schließlich sprachen wir Fürbitten und beteten das Vaterunser. Das Begräbnis schloss mit einem Gebet.

Priester: »Herr, gib ihr und allen Verstorbenen die
ewige Ruhe.«
Alle: »Und das ewige Licht leuchte ihnen.«
Priester: »Lass sie ruhen in Frieden.«
Alle: »Amen.«

Du hast sicher recht damit, dass jeder Mensch seine eigene Vorstellung vom Paradies hat. Für mich heißt im Paradies oder im Himmel zu sein, bei Gott zu sein. Das ist für mich mit einem Gefühl grenzenloser Liebe und Geborgenheit verbunden. Ich stelle mir vor, dass das Paradies die totale Erfüllung alles Unvollkommenen ist. Es ist größer als alles, was wir denken und beschreiben können. Der Himmel ist für mich ein absoluter Glückszustand. Er ist das, was jeder Mensch in seinem Innersten ersehnt. Er ist das Ziel allen Seins.

Im Haus meines Vaters gibt es viele Wohnungen.

So steht es in der Bibel.

Manchmal stelle ich mir das Paradies auch wie ein himmlisches Fest vor, zu dem alle von Gott eingeladen sind. Es übertrifft alle Feste, die wir uns vorstellen können. Alle Menschen sind miteinander versöhnt und sitzen glücklich an einem großen Tisch. Alles Leid ist vorüber. Es gibt keine Zeit mehr, denn Ewigkeit ist mehr als nur Zeit, die niemals aufhört. Mir fällt ein Zitat aus Goethes Faust ein:

Oh Augenblick, verweile doch, du bist so schön.

Ich glaube, im Paradies verweilt er für immer.

Wir hatten uns so sehr in das Gespräch vertieft, dass wir kaum bemerkten, wie wir Österreich verließen und der Zug in Richtung der ungarischen Stadt Győr weiterfuhr. Wir saßen einander an den Fensterplätzen gegenüber, doch wir sahen kaum hinaus. Bloß an der Stelle in der folgenden Passage unseres Gespräches, an der es um die Zeichen ging, durch die Gott mit den Menschen spricht, sahen wir eine Weile zu, wie die Landschaft, ein kleiner Regionalbahnhof und dann wieder die Landschaft vorbeizogen.

Der Sinn des Lebens

Alisa: Meine ersten bewussten Erinnerungen stammen aus der Zeit, als ich sechs Jahre alt war. Ich erinnere mich an den Ausbruch des Krieges in Bosnien. Meine Familie, meine Tanten und meine Onkel lebten damals aus beruflichen Gründen in Sarajevo. Ich erinnere mich an einen Moment, als meine Mutter bitterlich weinte. Ich fragte sie, was los sei. Sie sei traurig, weil auf dieser Welt so viel Unrecht geschehe, sagte sie. Aber es gebe einen Gott, Allah, und wenn wir nur geduldig wären, würde alles zum Guten kommen. Heute weiß ich, dass es so auch im Koran steht.

> *Wahrlich, Wir werden euch prüfen mit ein wenig Furcht und Hunger und Verlust an Gut und Leben und Früchten. Doch gib frohe Botschaft den Geduldigen, die sagen, wenn ein Unglück sie trifft: »Wahrlich, von Allah sind wir und zu ihm kehren wir heim.« Sie sind es, auf die Segen und Gnade träuft von ihrem Herrn und die rechtgeleitet sind.*

Meine Mutter hatte mir oft auf kindgerechte Art zu erklären versucht, wer beziehungsweise was Allah ist. Allah sei der Frühling, der Sommer, der Herbst und der Winter, hatte sie gesagt.

Ich liebte die Natur. Mit meinen Eltern ging ich oft hinaus und sah im Frühling den Blüten der Forsythien zu, wie sie sich leuchtend gelb entfalteten, oder im Herbst den Blättern, wie sie von den Bäumen fielen. »Siehst du, Alisa, das hat Allah gemacht«, sagte meine Mutter dann.

»Er hat die Berge erschaffen und das Wasser vom Himmel fallen lassen. Er hat Tiere erschaffen und uns Menschen.«

Mit sechs Jahren verstand ich trotzdem nicht, warum es Krieg gab, wenn dieser Allah, der sich in der Natur und in den Jahreszeiten offenbarte, so schön und mächtig war, und warum wir Geduld haben mussten.

Trotz des Krieges fuhren wir regelmäßig in den Sandžak. Bei einer dieser Gelegenheiten kam ich zum ersten Mal mit dem Islam in Berührung.

Mein Vater fuhr am liebsten nachts, also brachen wir abends auf und kamen etwa eine Stunde vor der Morgendämmerung an. Dann nahmen wir unsere Sachen, mein Vater stellte den Strom an und meine Mutter machte in dem Haus, das mein Vater gebaut hatte, das Bett und legte mich hinein. Alles war still. Bis zu dem Moment, in dem der Muezzin erklang. Er war an diesem Ort wohl immer schon um diese Zeit erklungen, aber es gab den Morgen, an dem er mir zum ersten Mal richtig auffiel.

Seine Stimme fesselte mich. Es kam mir vor, als könnte ich in ihr die Liebe Allahs zu den Menschen und den Sinn des Lebens spüren, ohne das eine oder das andere mit Worten erklären zu können. Wenn Allah eine Stimme schicken kann, die so schön ist, dass sie einen ganzen Tag erhellt, dann muss dieser Krieg auch einmal aufhören, dachte ich.

Jetzt verstand ich die Worte meiner Mutter, als sie gemeint hatte, wir müssten nur Geduld haben. Ich verstand die Verse, von denen sie immer sprach.

Der Sinn des Lebens, dachte ich, besteht darin, Allah immer nahe zu sein, an ihn und seine Barmherzigkeit zu glauben, den Islam in seiner schönsten Form zu spüren.

Inzwischen weiß ich, dass Allah Zeichen schickt, die für jene Menschen zu sehen sind, die mit Herz und Verstand an seine Existenz glauben. So steht es auch im Koran.

> In der Erschaffung des Himmels und der Erde, im Aufeinanderfolgen von Nacht und Tag, in den Schiffen, die auf dem Meer schwimmen, mit dem, was den Menschen nützt, in dem, was Allah vom Himmel an Wasser herniedersandte und mit dem er der Erde Leben gab, nachdem sie ausgedörrt war, in den Tieren, die er auf der Erde verstreute, im Wechsel der Winde und in den dienstbaren Wolken zwischen Himmel und Erde, in all dem sind Zeichen für Menschen, die begreifen.

Britta: Da fällt mir etwas ein, das unsere Professorin für Spiritualität einmal zu mir sagte. »Wenn du Gott nicht hörst, bedeutet das nicht automatisch, dass er nicht zu dir spricht«, meinte sie. »Vielleicht kannst du seine Zeichen bloß nicht erkennen.« Manchmal stehen wir uns selbst im Weg oder die Hektik und der Lärm des Alltags verstellen unseren Blick auf das Wesentliche.

Alisa: Als Kind ging ich im Sommer öfter mit meinen Cousinen in die Koranschule im Sandžak. Ich tat es anfangs ungern, was nicht an dem Kopftuch lag, das ich dabei tragen musste. Im Gegenteil. Ich freute mich immer darauf, es aufzusetzen. Es fühlte sich besonders an. Doch ich konnte im Gegensatz zu den anderen Kindern nicht beten. Mir war das schrecklich unangenehm. Ich hatte immer Angst, der Imam würde mich auffordern, ein bestimmtes Gebet aufzusagen, das ich nicht konnte. Das einzige Gebet, das ich dank meiner Mutter konnte, war die erste Sure des Korans, die »al-Fatiha«. Meine Mutter hatte mir aufgetragen, sie regelmäßig zu sagen.

Im Namen Allahs, des Gnädigen, des Barmherzigen. Aller Preis gehört Allah, dem Herrn der Welten, dem Gnädigen, dem Barmherzigen, dem Meister des Gerichtstages. Dir allein dienen wir, und zu dir allein flehen wir um Hilfe. Führe uns auf den geraden Weg, den Weg derer, denen du Gnade erwiesen hast, die nicht dein Missfallen erregt haben und die nicht irregegangen sind.

Als ich elf wurde, schenkten mir unsere Nachbarn, eine Familie aus Bangladesch, den Koran. Ich hatte ihnen von der Koranschule erzählt, von meinen peinlichen Situationen dort und davon, dass ich nun endlich alleine herausfinden wollte, was hinter dieser heiligen Schrift steckt.

»Wir geben dir das mit auf deinen weiteren Lebensweg«, sagten unsere Nachbarn, als sie mir den Koran aushändigten. »Aber erwarte nicht, dass du als junger

Mensch alles verstehen kannst, worum es darin wirklich geht.«

Ich fühlte mich angegriffen. Ich fragte mich, warum ich ein Buch nicht verstehen sollte, das anscheinend alle anderen verstanden.

Ich entwickelte ein Ritual. Jeden Tag nach der Schule führte ich die rituelle Waschung durch, die der Islam vorschreibt, setzte das Kopftuch auf und las. Ich verstand tatsächlich nur Bruchteile, ich war viel zu jung, um den gesamten Inhalt verstehen zu können. Trotzdem liefen mir, wenn ich mit dem Rezitieren begann, manchmal von selbst die Tränen über die Wangen. Es lag an der Poesie des Korans. An der Art, wie er geschrieben war. Ich spürte, dass etwas jahrelang in mir geschlummert hatte und darauf wartete, entdeckt zu werden.

Schon zuvor hatte mir eine Stelle im Koran zu denken gegeben.

Wahrlich, Wir erschufen den Menschen, und Wir wissen alles, was sein Fleisch ihm zuflüstert. Denn Wir sind ihm näher als die Halsschlagader.

Jetzt verstand ich sie.

In der Pubertät, als ich alles hinterfragte, hinterfragte ich auch meinen Glauben. Im Fernsehen sah ich Menschen davon erzählen, wie der Islam Frauen unterdrückt und wie in Afghanistan Frauen sogar gesteinigt werden. Im Sandžak behandelten manche Männer ihre Frauen ebenfalls seltsam. Ich verstand nicht, wie das möglich war. Würden nur die Frauen den Männern folgen, wäre das ungerecht. Wenn beide einander folgen, ist das Zweisamkeit.

Ich suchte erneut nach dem Sinn des Lebens. Ich fragte mich, warum es mich gab, warum ich hier auf der Erde war und welche Rolle die Frauen in der Gesellschaft innehatten.

Eine Stelle aus dem Koran beschäftigte mich dabei.

Das Paradies liegt unter den Füßen der Mütter.

Das konnte nur bedeuten, dass Frauen im Koran einen hohen Stellenwert hatten. Lag das Paradies unter den Füßen der Mütter, mussten sie das Kostbarste sein, das die Welt zu bieten hatte. Der ganz besondere Platz der Mütter im Islam wurde vom Propheten Mohammed in einem Hadith beschrieben:

Ein Mann fragte den Propheten Mohammed: »Wen soll ich am meisten ehren?« Der Prophet antwortete: »Deine Mutter.« Der Mann fragte wieder: »Und wen dann?« Der Prophet antwortete: »Deine Mutter.« Der Mann fragte ein drittes Mal und wieder antwortete der Prophet: »Deine Mutter.« Als der Mann zum vierten Mal fragte, antwortete der Prophet schließlich: »Dann deinen Vater.«

Ich besuchte ein Gymnasium in der Wiener Zirkusgasse. Während meines letzten Schuljahres starb mein Onkel in New York. Er war ein Gelehrter, ein Intellektueller gewesen. Er hatte mit Briefen meine Hoffnung auf ein Leben in einer großen, freien Welt genährt und mich immer wieder nach New York eingeladen. Nach meinem Schulabschluss wollte ich zu ihm und in New York studieren. Er wollte mein Studium sogar finanzieren, weil er keine eigenen Kinder hatte und ich sein Lieblingskind in der Familie war.

Zuerst bekam ich seinen Tod gar nicht mit. Niemand aus meiner Familie wusste davon. Im Dezember meines letzten Schuljahres hatte ich dann das Gefühl, ihn anrufen zu müssen. Seine Frau hob ab. Als sie meine Stimme hörte, fing sie an zu weinen. Sie sagte, dass sie meine Nummer nicht gehabt hätte.

Am nächsten Morgen kaufte ich ein Ticket und flog nach New York. Der Schulabschluss hatte keine Bedeutung mehr. Ich bereute es nur noch, meinem Onkel nicht die gleiche Aufmerksamkeit geschenkt zu haben wie er mir. Jetzt war er nicht mehr da und ich konnte mich nicht einmal mehr bei ihm entschuldigen.

Ich begriff etwas, das mich veränderte. Im Leben gibt es viele Dinge, denen wir Aufmerksamkeit schenken müssen. So viele, dass für Egoismus kein Platz ist.

Ich war so sehr mit unwichtigen Dingen beschäftigt gewesen, dass ich vergessen hatte, mich bei meinem Onkel zu melden. Jetzt wollte ich mich zumindest ein letztes Mal von ihm verabschieden.

Ich blieb vier Wochen in New York und schmiss die Schule. Als das Schuljahr zu Ende war und alle meine Klassenkollegen fertig waren, entschied ich mich, auf das Oberstufenrealgymnasium in der Wiener Karajangasse zu wechseln. Dort entdeckte ich den Sinn meines Lebens wieder.

Ich war etwas menschenscheu. Am ersten Tag stand ich verwirrt auf einem Gang herum und wusste nicht, in welche Klasse ich sollte. Da sprach mich ein Junge an. Er hieß Khaled und stammte aus Syrien. Er fragte mich, ob er mir helfen könne.

Wir begegneten uns von da an ständig und besuchten gemeinsam den Religionsunterricht. Zu diesem Zeitpunkt beherrschte ich das rituelle Gebet noch immer nicht, doch die neue Schule bot im Gegensatz zur letzten den Islamunterricht an.

Khaled lernte mich als rebellisches Mädchen mit vielen Fragen kennen, als verwirrt und zerstreut. Er selbst war sehr gläubig. Ich merkte, dass er durch seine Religion im Gegensatz zu mir ein sehr harmonisches Leben führte. Ich zweifelte noch immer an bestimmten Vorschriften im Islam und sagte das Khaled offen.

Er schaffte es, mir mit vollkommener Ruhe die schönen Seiten des Islam zu zeigen. Sie waren es, die mich berührten, meine Identität formten und meinem Leben wieder Sinn gaben. Die Gespräche über Allah, über den Islam wurden zu prägenden Momenten für mich. Ich empfand den Islam nun als eine blühende Religion, der etwas Beruhigendes innewohnte.

Khaled brachte mir endlich das Beten bei. Er schenkte mir Bücher, die das rituelle Gebet genau beschrieben. Er erklärte mir mithilfe von Bildern, was ich bei den Gebeten tun musste, von der rituellen Waschung davor bis zu der Art, wie ich mich niederwerfen musste. Er riet mir, mit kurzen Gebeten anzufangen.

Mein erstes rituelles Gebet hielt ich zu Hause ab, aus Angst, in der Moschee etwas falsch zu machen. Es war, als würde ich zu mir zurückfinden. Die Stille war wie ein Geräusch. Ich konnte die Gegenwart Allahs auf eine neue Art spüren. Es war nicht mehr die kindliche Art, aus der mich die Pubertät gerissen hatte, sondern eine wissende. Die innere Ruhe, die ich damit wiedergewann, bestimmte von da an mein Leben.

Der wahre Sinn des Lebens besteht für uns Menschen wohl darin, den Weg zu Allah zu finden und seine Zeichen im Diesseits zu erkennen.

Britta: So steht es auch in der Bibel, umschrieben mit allen möglichen Erzählungen, Bildern und Formulierungen. Es ist aber nicht nur so, dass wir den Weg zu Gott suchen müssen. Gott sucht auch einen Weg zu uns Menschen, indem er sich immer wieder durch Worte und Zeichen meldet. Der wahre Sinn des Lebens besteht also darin, Gott zu finden und sich ebenso von ihm finden zu lassen.

Ich habe allerdings auch eine Weile gebraucht, um zu verstehen, dass das mehr als eine Aussage ist, mit der eine Glaubensgemeinschaft Mitglieder sucht.

Ich war immer ehrgeizig, auch in der Schule. In meinem letzten Schuljahr stellte ich mir zum ersten Mal die Frage, ob es wirklich diese Dinge sind, auf die es ankommt. Die Dinge, die wir vorweisen können.

Ich sah meinen Eltern zu, wie sie sich im Weinberg abrackerten. Das kann nicht alles im Leben sein, dachte ich. Viele Menschen arbeiten hart für ihren Lebensunterhalt, andere für ihre Karriere. Doch in Wirklichkeit kommt es vor allem darauf an, wie wir als Menschen sind, welche Beziehungen wir haben und mit wem wir unser Leben teilen. Etwas wurde mir klar: Wer nie innehält, dem rinnt die Zeit durch die Finger, und danach fragt er sich, wozu das alles gut war.

Winzer zu sein ist nicht immer einfach, besonders, wenn die Weinberge in Steilhängen liegen, die keinen Einsatz von Maschinen erlauben. Im Winter schneidet mein Vater die Weinstöcke zurück, im Frühjahr, wenn die Sprossen kommen, kürzt er die Triebe ein und bindet sie zusammen, und von Mai bis August bekämpft er Unkraut, Schädlinge und Pilzerkrankungen der Reben. Danach werden die Trauben geerntet, der Traubenmost zu Wein ausgebaut und in Flaschen abgefüllt. Mein Vater pflügt die Weinberge und pflanzt neue Reben, wenn alte Stöcke sterben. Schließlich muss er den Wein vermarkten. Er fährt dafür mit dem Auto quer durch Deutschland. Unser Weingut ist ein Einmannbetrieb, und es ist wirklich viel für meinen Vater, besonders jetzt, mit Mitte fünfzig.

»Du hast die Chance, etwas aus deinem Leben zu machen«, sagte mein Vater oft zu mir. »Überlege dir gut, was es sein soll.« Wenn ich darüber nachdachte, später einmal das Weingut zu übernehmen, riet er mir ab. »Du hast Chancen, die wir nicht hatten. Nutze sie«, sagte er.

Im Weinberg führte ich viele Gespräche mit meinem Vater. Er ist nicht akademisch gebildet, hat aber eine tiefe Lebensweisheit, gute Menschenkenntnis und einen gefestigten Glauben an Gott. Im Laufe der Jahre ist er für mich immer mehr zu einem Vorbild geworden.

Unsere Familie hat schon einige Schicksalsschläge erlebt. Mein Großvater hat zuerst einen Schlaganfall erlitten und ist dann an Krebs erkrankt. Mein Vater übernahm mit neunzehn das Weingut mit allen Schulden, um für seine Mutter da zu sein. Mit Mitte zwanzig baute er den Betrieb aus. Dabei wuchs der Schuldenberg noch weiter. Doch er war davon überzeugt, dass er es schaffen würde, weil er trotz allem immer Freude an seinem Beruf hatte. Tatsächlich schaffte er es, bloß musste er einen großen Teil seines Lebens darauf verwenden.

Eine innere Sehnsucht legte mir nahe, Theologie zu studieren, doch ich hörte nicht auf sie. Einerseits stand ich Institutionen, auch der Kirche, kritisch gegenüber. Es gab zu viele offene Fragen. Was soll ich als Frau in der Kirche? Wie kann ich mich mit dieser oft so unvollkommenen Kirche identifizieren?

Andererseits dachte ich mir, dass ich in der Kirche nichts verändern kann, wenn ich mich von ihr distanziere. Aber was wäre, wenn ich meinen Glauben verlieren würde? Gut ist in seinem Beruf nur, wer authentisch ist, und eine Theologin, die nicht an Gott glaubt, wäre das jedenfalls nicht.

Nach meinem Schulabschluss fuhr ich mit Schulfreunden ins französische Taizé, einem kleinen Ort zwischen Lyon und Dijon in Burgund. Taizé ist für mich wie von einer anderen Welt. Dort hat sich eine ökumenische Brüdergemeinschaft angesiedelt, die Christen aller Glaubensrichtungen, Jugendliche und junge Erwachsene vor allem, zu sich einlädt, um gemeinsam zu singen, zu beten und über den eigenen Glauben zu sprechen. Bibelgespräche und fixe Gebetszeiten mit meditativen Gesängen stehen fest auf dem Programm. An Samstagabenden findet die Lichtfeier statt, bei der jeder in der Kirche eine Kerze bekommt. Sie erinnert an die Auferstehung Jesu. Das Licht, der Gesang und der Friede verdichten sich zu einer mystischen Atmosphäre. Viele sind ergriffen und kommen zu neuen Einsichten.

Mir ging es auch so. Es war, als würde mich Gott in seinen Armen halten. Ich spürte Wärme, fühlte mich geborgen und ermutigt, den Weg zu gehen, den mir meine innere Sehnsucht nahelegte. »Was soll ich tun?«, fragte ich Gott. »Willst du mich wirklich da haben, wo ich glaube, dass du mich haben willst? In der Kirche?«

Genau in dem Moment stimmten wir ein Lied an, das wie eine Antwort für mich war.

Herr, lass meine Gedanken sich sammeln zu dir
Bei dir ist das Licht
Du vergisst mich nicht
Bei dir ist die Hilfe
Bei dir ist die Geduld
Ich verstehe deine Wege nicht
Aber du weißt den Weg für mich.

Dass der wahre Sinn des Lebens darin besteht, den Weg zu Gott zu finden, bedeutet nicht, dass jeder Mensch Theologie studieren muss. Jeder Mensch kann seine Berufung in sich selbst entdecken und das kann genauso gut eine Berufung zum Winzer, zum Politiker oder zu irgendeinem anderen Beruf oder einer anderen Aufgabe sein. Bei mir war es eben die Theologie.

Mit dem Beginn meines Theologiestudiums kam jedoch der erste Rückschlag. Ich hatte es mir wie eine Art intellektuelles Gruppenkuscheln vorgestellt. Die Realität sah anders aus. Ich merkte, dass die Kirche auch nur aus Menschen besteht, die nicht perfekt sind, und ich war einer dieser Menschen.

Auch wenn ich zweifelte, hatte ich immer wieder Erlebnisse, die mir sagten, dass es einen Gott geben muss. Das konnten einfache Dinge sein. Wenn die Sonne durch das Herbstlaub fiel, konnte der Anblick so schön sein, dass ich mir nicht vorstellen konnte, dass die Welt nur aus Biomasse besteht und kein höherer Geist über sie waltet. Oder Fügungen. Wenn ich um etwas betete, von dem ich nicht glaubte, dass es in meinem Leben noch geschehen würde, und dann geschah es doch. Dass sich unsere Familiensituation verbesserte, als ich in Wien zu studieren anfing, war so eine Fügung.

Oder die Faszination, die das Osterfest im kirchlichen Jahr auf mich ausübt. Nach dem Gloria, dem Lob Gottes, stellt die Kirche am Gründonnerstag ja jede Festlichkeit ein. Es herrscht totale Gottverlassenheit. Es gibt keine Glocken mehr, am Karfreitag kein Hochgebet und kei-

ne Orgel, sondern nur noch Singen ohne Instrumental-
begleitung. Der Tabernakel ist leer, seine Türen stehen
offen. Gott ist gleichsam weg. Dann erklingt in der Oster-
nachtsfeier das Gloria wieder, die Orgel spielt, das Licht
kommt zurück. Alles strahlt. Die Ministranten enthüllen
die Altäre und die Triumphbilder und die Schellen klingen. Auf die totale Gottverlassenheit und den Zweifel
folgt Freude. Es geht um die Erfahrung, dass Gott stärker
ist als der Tod und stärker als alle Widrigkeiten, die wir
erfahren können.

Der wahre Sinn des Lebens besteht darin, Gott zu finden und sich von ihm finden zu lassen.

Unser Gespräch band unsere ganze Aufmerksamkeit. Wir entdeckten darin uns selbst und die andere, was zu den intensivsten Arten von Begegnungen gehört. Was davon hinterher, als wir uns längst voneinander verabschiedet hatten, blieb, hatte dennoch nicht nur mit uns selbst zu tun. Klarer denn je stand uns vor Augen, wie überflüssig jede Feindseligkeit zwischen Islam und Christentum ist. Dass der Weg zu Gott für alle Menschen etwas höchst Persönliches ist, und dass Koran und Bibel das Gleiche wollen: auf diesem Weg inspirieren. Sie verwenden dafür teilweise ähnliche, teilweise sehr unterschiedliche Bilder, Geschichten und Erzählungen. Doch beide haben die Absicht, uns zur Erfüllung des allertiefsten Sinns unseres Lebens zu führen.

Liebe

Alisa: Die Nacht der Bestimmung ist im Islam die Nacht im Monat Ramadan, in der Allah dem Propheten Mohammed den Koran offenbart hat. Das genaue Datum der Nacht ist ungewiss. Die meisten Muslime gehen von der 27. Nacht im Ramadan aus. In dieser Nacht beten wir und rezitieren den Koran bis zur Morgendämmerung. Es ist eine der heiligsten Nächte im Islam. Die Himmelspforten öffnen sich und die Engel kommen auf die Erde. In dieser Nacht, so heißt es, werden die Bitten noch mehr erhört als sonst. Die Engel sind uns so nahe, dass sie die Bitten hören und sie Allah senden. Der Koran widmet dieser besonderen Nacht eine eigene Sure.

> *Wahrlich, Wir sandten ihn (den Koran) hernieder in der Nacht der Bestimmung.*
> *Und was lehrt dich Wissen, was die Nacht der Bestimmung ist?*
> *Die Nacht der Bestimmung ist besser als tausend Monde.*
> *In ihr steigen die Engel herab und der Geist nach der Erlaubnis ihres Herrn.*
> *Sie ist voller Heil und Segen, bis die Morgenröte wieder sichtbar wird.*

Als ich 25 war, kurz vor dem Abschluss meines Studiums stand, überlegte, wie es weitergehen sollte und mich sehr, sehr alleine fühlte, traf ich eine Freundin. Sie erzählte mir von ihrer Kindheit und wie schrecklich es gewesen war, zu sehen, wie ihr Vater ihre Mutter schlug.

Wir beschlossen in der Nacht der Bestimmung, beide zum ersten Mal seit Längerem, in die Moschee zu gehen. Wir wollten beten und Allah gerade in dieser für uns beide schwierigen Phase für alles danken, was wir hatten.

Wir fuhren mit dem Auto zur Moschee im Islamzentrum auf der Donauinsel. Rund um die Moschee waren Zelte aufgebaut, in denen es Essen gab. Wir erreichten sie kurz vor Mitternacht. Der Imam begrüßte uns und bot uns Süßigkeiten an, Datteln und Baklava. Dann vollzogen wir unsere rituelle Waschung.

Der untere Bereich der Moschee war den Männern vorbehalten, die Frauen beteten oben, auf einer Art Empore. Ich empfand diese Trennung immer als angenehm. Sie bedeutete für mich, dass ich mich zurückziehen konnte und auf nichts achten musste.

Oben waren bereits drei Frauen, die aus dem Koran rezitierten. Wir begannen unser Gebet mit den Worten, die dafür vorgesehen sind.

Allahu Akbar – Gott ist groß.

Die Atmosphäre auf der Empore veränderte sich für mich. Ich hatte das Gefühl, irgendwo angekommen zu sein. Ich spürte eine innere Ruhe. Meine Seele war im Einklang. Ich war dankbar, am Leben zu sein, dankbar dafür, dass ich dies alles sehen und hören konnte, und dankbar für meine Familie. Ich war sogar dankbar dafür, dass mir schlechte Dinge widerfuhren, weil sie Teil meiner Entwicklung waren. Ich hatte nie zuvor das Gefühl gehabt, dass Allah mir so nahe war wie in dieser Nacht. Ich musste an die Stelle mit der Halsschlagader im Koran denken.

Wahrlich, Wir erschufen den Menschen, und Wir wissen alles, was sein Fleisch ihm zuflüstert. Denn Wir sind ihm näher als die Halsschlagader.

Genau das spürte ich. Ich spürte, dass Allahs Licht in alle Richtungen strahlt, dass er überall sein kann und dass er ganz nahe bei mir ist. Ich bat ihn intensiver denn je um Verzeihung für alle meine Sünden oder für all das, was ich für meine Sünden hielt.

Britta: Ich kenne diese Erfahrung. Je näher ich Gott und seiner Größe komme, desto kleiner fühle ich mich.

Alisa: Je mehr ich Allah in der Nacht der Bestimmung um Verzeihung bat, umso mehr löste das sowohl Traurigkeit als auch Glückseligkeit in mir aus. Während ich betete, weinte ich ununterbrochen. Ich hatte das Gefühl, Allah würde mir alles verzeihen. Weil er eben Menschen, die ihre Sünden zugeben, sie bedauern, sich selbst dafür verantwortlich machen und Reue zeigen, verzeiht. Das verspricht auch der Koran.

Allahs ist, was in den Himmeln und was auf Erden ist. Er vergibt, wem er will, und er bestraft, wen er will, und Allah ist Allverzeihend und Barmherzig.

Britta: Ich habe diesen kathartischen Effekt bei meiner Lebensbeichte als Erwachsene erlebt. Es war vorletztes Jahr, kurz vor Weihnachten. Ich fühlte mich danach wie neugeboren. Ich hätte die ganze Welt umarmen können. Auch wer bis dahin nie etwas von der Beichte gehalten hat, weiß, wenn er sich auf sie einlässt, welche Macht zur Veränderung sie hat.

Alisa: Ehe wir die Moschee wieder verließen, bat ich Allah nur noch um eines. Ich bat ihn, dass er mir, wenn er mich hört, jemanden schickt, der mich rettet. Das war alles, doch ich bat ihn darum unter starken Gefühlen.

Die Frauen vor mir hatten ständig zurückgeschaut. Sie hatten meine Erschütterung sichtlich mitbekommen. Eine von ihnen, eine Türkin, kam auf mich zu. Sie konnte kein Deutsch, doch sie umarmte mich.

Herşey düzelecek, canim.

Mit diesen Worten gab sie mir einen Kuss auf die Wange. Ich verstand sie, weil mein Vater als Kind in Istanbul gelebt und uns einiges beigebracht hatte.

Alles wird gut, Liebes.

Gegen drei Uhr morgens gingen wir nach Hause. Es war eine Spätsommernacht im August.

Zwei Monate lang schrieb ich danach an meiner Bachelorarbeit. Ich war fast nur daheim, traf niemanden und verließ meine Wohnung höchstens zum Einkaufen oder für meinen Nebenjob in einer Galerie. Da lud mich eine Kollegin zur Vernissage einer Fotoausstellung von jungen Künstlern aus Exjugoslawien ein. »Du sitzt seit zwei Monaten fast nur noch daheim herum«, sagte sie. »Willst du nicht ein bisschen raus und dabei deinen Horizont erweitern?«

Ich antwortete, dass ich meinen Horizont täglich erweiterte, indem ich Bücher las.

»Dann sieh es als Ablenkung«, sagte sie.

Neue Leute kennenzulernen fällt mir nicht gerade leicht. Deshalb stand ich zuerst nur bei meiner Kollegin herum. Aus dieser sicheren Position fiel mir in der Menge bald ein großer Junge mit dichten schwarzen Haaren und einem Bart auf. Er trug Jeans und einen schwarzen Pullover. Oh Gott, dachte ich, der Typ sieht aus wie ein Bär.

Viele Gäste, fast alles junge Leute, kannten einander, und dieser Junge schien überhaupt jeden dort zu kennen. Er redete mit vielen und lachte dabei lauter als die meisten. In der kleinen Galerie war er kaum zu übersehen. Toll fand ich ihn deshalb nicht. Ich fragte mich bloß, warum er sich so inszenierte. Vermutlich kam er sich besonders gut vor, dachte ich. Als ich mir etwas zu trinken holen wollte, stellte er sich vor mich hin. »Hallo«, sagte er.

»Ja?«, antwortete ich.

»Ich bin der liebe Enis«, sagte er.

Britta: Ich lernte zuerst David, Benedikts großen Bruder, kennen. David war Priesterkandidat und absolvierte ein Praktikum bei uns in der Pfarrei.

Ich sah David zum ersten Mal auf unserem Pfarrfest. Wir feiern dieses Fest gemeinsam mit der evangelischen Kirchengemeinde alle zwei Jahre. Das örtliche Orchester spielte und es gab Essen, Getränke und eine kleine Tombola.

Ich sprach den neuen Pfarrpraktikanten einfach an. David war groß, sehr schmal und hatte lockige, kurze Haare. Ich hatte ihm sofort angesehen, dass er Priesterkandidat war. Er trug Jeans und einen schwarzen Pullunder. Außerdem hatte er eine besonders zurückhaltende Ausstrahlung. Ich erzählte ihm, dass ich nach meinem Schulabschluss vielleicht ebenfalls Theologie studieren würde. Er meinte, dass sein kleiner Bruder Benedikt gerade mit dem Theologiestudium beginnen würde. Wir begegneten uns noch einige Male, sprachen aber nicht mehr viel miteinander.

Ein Jahr später inskribierte ich tatsächlich in Trier Theologie. Etwa gleichzeitig fügte mich David auf *studiVZ* als Kontakt hinzu. Zuerst konnte ich mich gar nicht mehr an ihn erinnern. Erst als er mir schrieb, dass ich in Trier doch nach seinem Bruder Ausschau halten solle, erinnerte ich mich wieder. Sein Bruder könne mir die Uni zeigen und sich ein wenig um mich kümmern, schrieb David. Er selbst wäre zurzeit nicht in Trier, sondern bei seinem für Priesterseminaristen verpflichtenden Außensemester in Erfurt.

Ich googelte Benedikt und fand, dass er gut aussah, obwohl er nicht der Typ Mann war, auf den ich stand. Das waren bisher eher sportliche Typen mit blonden Haaren und blauen Augen gewesen. Ich fügte Benedikt zu meinen Kontakten hinzu und war ganz locker. Ich war nicht auf der Suche nach einem Freund oder nach einer Beziehung.

Bei einer Messe der Theologen in Trier sah ich Benedikt zum ersten Mal persönlich. Er saß in der Kirche hinter mir. Ich bemerkte ihn, als er beim Kommunionempfang an meiner Bank vorbeilief. Ich fand ihn geheimnisvoll, ruhig und anziehend.

In einem Nebenraum der Kirche war ein kleines Buffet aufgebaut. Es gab Brot, Käse, Wurst, Würstel, Wein, Bier und andere Getränke. Wir, die Theologen, trafen uns dort nach der Messe noch zum Plaudern. Anschließend wollte ich mit meinen Freunden, die alle wie ich im ersten Semester waren, noch ins Kino. Als wir aufbrachen, stand Benedikt in der Nähe der Tür. Er sprach mich an. Er musste wissen, dass es mein erstes Semester war, denn so viele Theologiestudenten, dass ihm neue nicht aufgefallen wären, gab es in Trier nicht.

Benedikt fragte mich, ob ich auch zur Vollversammlung der Studienvertretung der Fakultät käme. Das klang für mich nicht gerade aufregend. Er könne gerne mit ins Kino kommen, sagte ich. »Die Päpstin« stand passenderweise auf dem Programm. Doch Benedikt schüttelte den Kopf. Er wollte lieber zu dieser Sitzung.

Alisa: Was für ein komischer Typ, dachte ich. Ich fragte ihn, woher er kam.

»Aus Serbien«, sagte er mit seiner Bärenstimme.

Enis ist kein serbischer Name. Er war also ein Muslim.

»Ich komme aus dem Sandžak«, sagte er.

Zuerst kam es mir vor wie ein Trick. Vielleicht hatte ihm jemand erzählt, woher meine Eltern stammen, und er benutzte das jetzt, um mich anzubaggern, dachte ich. Doch er blieb ernst. »Du weißt sicher nicht, wo das ist«, sagte er.

Ich hatte meine eigene Meinung über Männer aus dem Sandžak. Da waren vielleicht auch Vorurteile dabei, jedenfalls kannte ich nicht viele, die sich für Kunst interessierten.

Ich erzählte ihm, dass ich auch aus dem Sandžak sei. Enis war über diesen Zufall ebenso erstaunt wie ich. Wir fragten einander nach unseren Familiennamen, denn die Gemeinschaft aus dem Sandžak in Wien ist nicht gerade groß, sodass sich so gut wie alle untereinander kennen. Trotzdem hatte ich seinen Familiennamen noch nie gehört, ebenso wenig wie er meinen.

Ich fand bald, dass er einen tollen Humor hatte. Er konnte nicht nur selbst über alles Mögliche lachen, er brachte auch mich ständig dazu. Wir redeten den ganzen Abend miteinander und tauschten am Ende Nummern aus. Am nächsten Morgen bekam ich eine SMS von ihm: »Danke für die Sonne, Sonnenschein.«

Jetzt fiel mir wieder ein, was er zum Abschied gesagt hatte. Dass er sich schon lange nicht mehr so gut unterhalten habe, schon gar nicht in seiner Muttersprache. Wenig später stupste er mich auf Facebook an und wir begannen einander zu schreiben. Eine Woche lang saßen wir jede Nacht von zehn Uhr abends bis sechs Uhr morgens an unseren Computern und unterhielten uns. Wir schrieben unfassbar viel. Währenddessen sah ich mir seine Fotos an und fragte mich, wie es sein konnte, dass wir uns noch nie begegnet waren.

Nach einer Woche lag ich im Bett, als mir etwas einfiel. Ich stand auf, schaltete das Licht ein und nahm meine Erinnerungskiste zur Hand, in der ich meine Fotos aufbewahre. Ich nahm eine CD aus dem Jahr 2004 und steckte sie in den Laptop.

Das Foto, das ich gesucht hatte, stammte aus dem September dieses Jahres. Ich war mit einer Freundin beim Red-Bull-Flugtag gewesen. Menschen in selbst gebauten Fluggeräten, von denen keines richtig flog, stürzten unter großem Spektakel über eine Schanze ins Wasser. Eine Freundin hatte mich angerufen und gefragt, ob ich dort nicht mit ihr als Getränkeverkäuferin arbeiten wolle.

Ich hatte eingewilligt und wir hatten einen Tag lang eine riesige Energydrinkdose als Bauchladen mit uns herumgeschleppt. Auf einem der Fotos von der Veranstaltung sah ich ihn. Enis machte sich mit einem beigefarbenen Pullover mitten im Bild breit. Meine Hand, mit der ich gerade etwas schrieb, war ebenfalls zu sehen, der Rest von mir war abgeschnitten.

Enis war damals unser Chef gewesen. Er hatte bei der Promotionagentur gearbeitet, die den Red-Bull-Flugtag organisierte. Als wir angekommen waren, war er es gewesen, der uns eingewiesen und unsere Aufgaben erklärt hatte. Währenddessen hatte meine Freundin dieses Foto von ihm gemacht.

Ich erinnerte mich an mein damaliges Gespräch mit ihm. Er hatte die Namen der Anwesenden vorgelesen. Als er auf den meiner Freundin gestoßen war, hatte er sie gefragt, ob sie aus Jugoslawien käme. Sie hatte genickt und er hatte gemeint, dass er aus dem Sandžak käme. Meine Freundin hatte sich zu mir umgedreht. »Hey Alisa«, hatte sie gesagt. »Der Typ hier kommt auch aus dem Sandžak.«

Ich war damals neunzehn gewesen und hatte niemanden aus meiner unmittelbaren Heimat gekannt. Deshalb hatte ich mich ehrlich gefreut. »Cool, du bist auch aus dem Sandžak?«, hatte ich in unserer Muttersprache zu ihm gesagt.

Er hatte ziemlich desinteressiert und oberflächlich geantwortet. Ein kurzes »Ja!« ohne Rückfrage …

Ich hatte es noch einmal versucht und ihn gefragt, woher genau er käme. Er hatte sehr knapp geantwortet und einen Ort namens Duga Poljana genannt, den ich allerdings nicht kannte. Das hatte mir gereicht, um mir ein Bild von ihm zu machen. »Ein typischer Mann aus dem Sandžak«, hatte ich zu meiner Freundin gesagt.

Ich war wirklich enttäuscht gewesen.

Britta: Die Katholische Hochschulgemeinde betreibt auf dem Unigelände ein Café. Ich arbeitete dort ehrenamtlich und war oft auch so dort, wenn ich zwischen den Vorlesungen frei hatte. Eines Tages saß Benedikt mit einem seiner Kumpels im Raucherzimmer, das vom restlichen Café abgetrennt ist.

Ich dachte daran, ihn anzusprechen, aber ich fürchtete, dass es dumm rüberkommen würde. Also nahm ich mein Griechischbuch, ging mit einer Freundin aus dem gleichen Semester zu ihm und fragte ihn und seinen Kumpel, ob sie uns bei unseren Hausaufgaben helfen könnten. Allein würden wir gerade nicht weiterkommen und sie wären ja schon in einem höheren Semester.

Wir hätten es auch ohne ihre Hilfe geschafft, aber wir stellten uns dumm. Benedikt meinte am Ende, er könne in Zukunft gerne öfter mal vorbeikommen. Wir trafen uns von da an regelmäßig und irgendwann fingen wir an, auch über andere Dinge als Griechisch zu sprechen.

Benedikt ist mittelgroß, ziemlich schmal, hat dunkelbraune Haare und einen Vollbart. Ich stand nie auf Vollbärte, aber egal. Einige Tage nach unserem Kennenlernen erzählte ich ihm von einem Filmabend der Hochschulgemeinde und wir beschlossen, uns dort zu sehen.

Er kam nicht und sagte auch nicht ab. Wahrscheinlich liegt ihm nichts an mir, dachte ich. Das war für mich in Ordnung. Ich hatte gerade eine Beziehung hinter mir, die mich ziemlich aufgerieben hatte. Ich hatte keine Lust, noch einmal so etwas zu erleben. Leb einfach dein Leben, sagte ich zu mir.

Bei unserem nächsten Treffen entschuldigte sich Benedikt. Eine Freundin von früher sei vorbeigekommen und hätte ihn das ganze Wochenende über belagert. Er hätte meine Nummer nicht gehabt, weshalb er mich auch nicht hätte anrufen können. Es kam mir wie eine komische Ausrede vor. Wir trafen uns aber trotzdem weiter und schwänzten oft die Uni, um uns in der Stadt die Zeit zu vertreiben. Dann kam ein furchtbar peinlicher Abend.

Ich war mit einem Freund und dessen Schwester verabredet, um in Trier ins Kino und anschließend etwas trinken zu gehen. Benedikt wollte mitkommen, und so gingen wir zu viert. Mein guter alter Freund fand es dann furchtbar unterhaltend, alte Geschichten aufzuwärmen. Eigentlich ist er ein eher konservativer und reservierter Typ. Jetzt bildete er sich ein, von einem Exfreund erzählen zu müssen, dem ich, nachdem wir Schluss gemacht hatten, ziemlich lange nachgelaufen war. Er war nicht zu stoppen. Ich trat ihm unter dem Tisch gegen das Bein, traf aber den Falschen.

Immerhin wurde mir in dem Moment klar, dass mir einiges an Benedikt lag. Andernfalls hätte ich wohl nicht so reagiert. Während ich mich irgendwie für die Sache zu rechtfertigen versuchte, fühlte ich zum ersten Mal Schmetterlinge im Bauch.

Wir trafen uns weiterhin und kamen uns näher. Zehn Tage vor Weihnachten schickte er mir dann nachts eine Mail. Eingangs schrieb er lang und breit, dass er mir etwas erklären müsse. Er meinte, er wolle Missverständnisse ausräumen. Er wolle vermeiden, dass sich Außenstehende in unser Leben einmischen würden, und es gäbe schon Gerüchte über uns. Theologen seien eben allesamt Klatschbasen.

Ich schrieb ihm zurück: »Ist das jetzt eine ›Es ist nicht so, wie du denkst‹-Geschichte?«

Alisa: Ich vergrößerte das Foto und konnte es kaum fassen. Oh Gott, das ist wirklich der Typ von der Donauinsel, dachte ich. Entweder war die Welt wirklich verdammt klein oder es war Schicksal.

Ziemlich aufgeregt bat ich ihn per SMS, online zu kommen, und schickte ihm das Foto.

Seine Antwort erfolgte verblüffend rasch. »Alisa«, schrieb er, »ich bin nicht so, wie du denkst.«

Er erklärte mir, warum er damals so unfreundlich gewesen war. Die Veranstalter auf der Donauinsel hatten nicht mit so vielen Besuchern gerechnet, weshalb sie viel zu wenig Personal engagiert hatten. Zudem hatten sie nicht genug Getränke geordert, sodass ihnen das Ganze rasch über den Kopf gewachsen war. Sie hatten schließlich sogar Passanten auf der Donauinsel angeheuert und Dosennachschub mit Fahrrädern geholt.

In dieser Situation waren wir uns begegnet. Er habe es damals auch toll gefunden, ein Mädchen aus seiner Heimat kennenzulernen, sagte er. »Als du dich umgedreht hast und weggegangen bist, wollte ich deine Nummer von meinem Datenblatt abschreiben, doch dann bin ich nicht dazu gekommen«, sagte er.

So vergingen sechs Jahre, ehe wir uns wiedersahen.

Enis fragte mich, ob wir uns treffen könnten. Er hätte

Karten für ein Stück im Rabenhoftheater. Es hieß »Unschuldsvermutung«.

Ich zögerte. Schließlich überredete mich eine Freundin. »Geh einfach hin«, sagte sie. »Du wirst bald bemerken, ob er es ist.«

Er holte mich von der Galerie ab. Ich machte dort Führungen und hielt Aufsicht. Während ich auf ihn wartete, war ich alles andere als sicher, dass er ein Retter war, den Allah mir schickte. Ich wusste durch unsere Gespräche am Telefon und über gemeinsame Bekannte schon einiges über ihn. Wenn er gut aufgelegt war, grüßte er angeblich auf der Straße fremde Menschen. Er war so extrem offen. Grundsätzlich mochte ich das. Es war so leicht, mit ihm zu sprechen. Aber wenn jemand so offen war wie er, konnte das auch anstrengend sein, dachte ich.

Ich saß in den Ausstellungsräumen im ersten Stock und nutzte die Zeit, um meine Bachelorarbeit zu korrigieren. Enis schrieb, dass er in zwei Minuten da wäre. Als ich jemanden kommen hörte, stand ich auf und meine ganze Arbeit fiel zu Boden. Überall flogen Blätter herum. Es war mir ziemlich peinlich. Wahrscheinlich dachte er, ich wäre bescheuert oder hätte es absichtlich gemacht oder beides. Trotzdem fiel mir ausgerechnet in diesem Moment eine Stelle im Koran ein, die von der Liebe handelt.

Und unter seinem Zeichen ist es,
dass er Partner für euch schuf aus euch selber,
auf dass ihr Frieden in ihnen findet,

und er hat Liebe und Zärtlichkeit zwischen euch ge-
setzt.
Hierin sind Zeichen für ein Volk, das nachdenkt.

Britta: Benedikt antwortete prompt. »Nein«, schrieb er.
»Es ist eine ›Es ist genauso, wie du denkst‹-Geschichte.«
Das war unser Anfang.

Wenige Tage vor den Weihnachtsferien wurde ich
krank. Ich hatte Bauchschmerzen, die immer heftiger
wurden und die ich nicht einordnen konnte. Ich dachte
zuerst an einen Virus. Benedikt kümmerte sich um mich,
obwohl mir das eher peinlich war. Als ich schließlich
kaum noch atmen konnte, ging ich zum Arzt, der mich
mit Verdacht auf Blinddarmentzündung ins Krankenhaus schickte.

Die Ärzte dort vermuteten ebenfalls eine Blinddarmentzündung und entschieden sich für eine Operation.
Dabei stellten sie fest, dass mein Blinddarm vollkommen
in Ordnung war. Dafür war mein sogenanntes termina-
les Ileum, das Verbindungsstück zwischen Dünndarm
und Dickdarm, das genau hinter dem Blinddarm liegt,
stark entzündet.

Nachdem ich mich von der Operation erholt hatte,
musste ich mich einer strapaziösen Darmspiegelung
unterziehen. Außerdem wurde ich künstlich ernährt.
Die Ärzte redeten unklar von Entzündungen und Ge-
schwülsten. Ich war beunruhigt und rief daheim an.
Meine Eltern fuhren in ihrer Sorge zu unserem Hausarzt
und fragten ihn, ob es Krebs sein könnte.

Zwei Tage nach der Darmspiegelung erhielt ich die Diagnose. Morbus Crohn. Zuerst war ich erleichtert. Wenigstens nichts ganz Schlimmes, dachte ich. Ich konnte mir unter dem Namen der Krankheit allerdings nichts vorstellen. Meine Mutter schon. Sie war schockiert.

Ich las in einer Broschüre der deutschen Morbus-Crohn-Stiftung nach. Darin stand, wie ich mich ab jetzt zu ernähren und zu verhalten hätte. Es war wirklich schlimm. Menschen mit dieser Diagnose müssen extrem auf alles Mögliche achten. In schlimmen Fällen ernähren sich die Patienten nur noch von Astronautenkost, die sie über Magensonden zu sich nehmen. Andere müssen mit einem künstlichen Darmausgang leben.

Ich las von den Ängsten der Morbus-Crohn-Patienten, es nicht rechtzeitig zu einer Toilette zu schaffen und sich vor ihren versammelten Freunden oder Berufskollegen in die Hose zu machen. Ich las von der Wirkung der Medikamente, etwa von Kortison. Ich las über unberechenbare Gewichtsab- und -zunahmen, über Libidoverlust und Schwierigkeiten, Partnerschaften einzugehen oder aufrechtzuerhalten.

Ein wenig ließen sich die Dinge offenbar durch richtige Ernährung und seelische Gesundheit beeinflussen. Aber auch Patienten, die sich nur von den gesündesten Lebensmitteln ernährten, konnten jederzeit einen Krankheitsschub erleiden.

Ich rief meine Mutter an und heulte ins Telefon. An diesem Tag sollte mich auch noch Benedikt besuchen, der noch gar nichts von meiner Diagnose wusste.

Benedikt kam gleichzeitig mit meinen Eltern im Krankenhaus an. Die sahen ihn an diesem Tag zum ersten Mal, was die Situation zusätzlich anstrengend machte. Benedikt fand mich extrem abgemagert und vollkommen aufgelöst vor.

Ich erzählte ihm alles und erklärte ihm, was mir bevorstand. Ich drückte ihm eine der Broschüren wie eine Gebrauchsanweisung in die Hand. »Hier, lies das und dann entscheide, ob du wirklich mit mir zusammen sein willst«, sagte ich. Ich wollte ihm das wirklich nicht zumuten. »Wir sind noch nicht so lange zusammen, dass wir das Ganze nicht auch wieder lösen könnten«, sagte ich.

»Es gibt Gründe, aus denen ich dich verlassen würde«, antwortete er, »aber eine Krankheit gehört nicht dazu. Es sei denn, du würdest dich in die Krankheit hineinsteigern und nicht mit ihr umgehen können.«

»Das klingt nett, aber wie kann ich dir vertrauen?«, fragte ich.

»Ich gebe es dir schriftlich.«

Er nahm einen Zettel und einen Kugelschreiber zur Hand und schrieb: »Es gibt Gründe, aus denen ich dich verlassen würde, aber eine Krankheit gehört nicht dazu. Das verspreche ich dir. Benedikt«

Das machte mich ziemlich stark. Vor allem, weil er meinte, dass mir vor ihm nichts peinlich zu sein brauche, auch wenn wir uns noch nicht so gut kannten.

Ich überwand die schlimmste Phase meiner Krankheit ziemlich schnell. Sechs Wochen lang hielt ich mich strikt an einen speziellen Diätplan, nahm Kortison und einige andere Medikamente und fing langsam wieder an zu essen.

Allmählich wurde mir dabei klar, was für ein Glück es war, dass Benedikts und meine junge Beziehung diese Krise überstanden hatte. Als ich mich wieder gesund fühlte, dachte ich, dass wir unsere Liebe jetzt endlich genießen könnten. Doch es ergab sich nicht richtig.

In meinem Leben folgte damals eine Krise auf die nächste. Etwa als ich von daheim auszog und schwere Probleme mit meinem Vermieter bekam. Außerdem waren Benedikt und ich sehr verschieden. Wenn ich das eine wollte, wollte er garantiert das andere, und umgekehrt.

Die vielen Krisen machten uns stärker. Wir wurden ein Team und irgendwann gab es diese krassen Gegensätze nicht mehr. Benedikt gab mir das Selbstvertrauen, ohne das ich vieles nicht geschafft hätte. Ohne ihn wäre ich wahrscheinlich in Trier geblieben, statt trotz meiner Krankheit nach Wien zu gehen und mein Studium dort fortzusetzen. Wahrscheinlich hätte ich meine Ängste nicht überwunden, mir schlimme Lebensperspektiven erstellt und meine Träume nicht gelebt. Dass wir zueinander gefunden haben, betrachte ich als göttliches Geschenk.

Benedikt und ich haben eine gemeinsame Lieblingsstelle in der Bibel, obwohl wir in theologischen Fragen noch immer oft unterschiedlicher Ansicht sind. Sie steht auf einem Poster mit kitschigem Sonnenuntergang im

Hintergrund, das früher in meiner Wohnung in Trier hing. Irgendwann landete es an der Wand unserer Toilette in Wien, was nichts an der Bedeutung der Stelle für uns ändert.

> *Wenn ich in den Sprachen der Menschen und Engel redete, hätte aber die Liebe nicht, wäre ich dröhnendes Erz oder eine lärmende Pauke.*
> *Und wenn ich prophetisch reden könnte und alle Geheimnisse wüsste und alle Erkenntnis hätte. Wenn ich alle Glaubenskraft besäße und Berge damit versetzen könnte, hätte aber die Liebe nicht, wäre ich nichts.*
> *Und wenn ich meine ganze Habe verschenkte und wenn ich meinen Leib dem Feuer übergäbe, hätte aber die Liebe nicht, nützte es mir nichts.*
> *Die Liebe ist langmütig, die Liebe ist gütig. Sie ereifert sich nicht, sie prahlt nicht, sie bläht sich nicht auf.*
> *Sie handelt nicht ungehörig, sucht nicht ihren Vorteil, lässt sich nicht zum Zorn reizen, trägt das Böse nicht nach.*
> *Sie freut sich nicht über das Unrecht, sondern freut sich an der Wahrheit.*
> *Sie erträgt alles, glaubt alles, hofft alles, hält allem stand.*
> *Die Liebe hört niemals auf. Prophetisches Reden hat ein Ende, Zungenrede verstummt, Erkenntnis vergeht.*

Denn Stückwerk ist unser Erkennen, Stückwerk unser prophetisches Reden. Wenn aber das Vollendete kommt, vergeht alles Stückwerk.

...

Für jetzt bleiben Glaube, Hoffnung, Liebe, diese drei. Doch am größten unter ihnen ist die Liebe.

Alisa: Wenn ich darüber nachdenke, wie ich Enis kennengelernt habe, könnte ich sagen, dass er mir damals das Leben rettete. Er brachte mir bei, die kleinen Dinge zu sehen. Das war etwas, das ich schon immer lernen wollte. Die kleinen Dinge erschließen sich mir leichter, wenn ich sie gemeinsam mit ihm betrachte. Wenn ich gerade mit Scheuklappen durch das Leben gehe, ist er da und stupst mich an. »Schau doch mal«, sagt er.

Auf die Art hat er mich aus meinem Käfig geholt, in dem ich lange gelebt habe, weil ich mein Inneres, meine Wünsche, nie mit jemandem teilen wollte. Erst mit ihm fiel es mir leicht. Jeden Tag lehrt er mich über das Leben und die Hoffnung und die wünschenswerte, lange Reise, die vor uns liegt. Im Koran gibt es einige Stellen, die sich mit der Ehe befassen. Eine gefällt mir besonders gut.

Sie (die Frauen) sind euch (den Männern) ein Gewand und ihr Männer seid den Frauen ein Gewand. So wie die Kleidung Wärme, Schutz und Anstand verleiht, so bieten sich Ehemann und Ehefrau gegenseitig Vertrautheit, Trost und Schutz vor Ehebruch und anderen Vergehen.

Ich wünsche mir, dass wir für immer Hand in Hand gehen, dass wir uns stärken und in guten und schlechten Zeiten füreinander da sind. Im Islam gibt es den Satz »Bis dass der Tod euch scheidet« nicht, eine Ehe besteht auf ewig, also auch weiterhin im Jenseits. Ich finde diese Vorstellung unglaublich romantisch und es entspricht genau meinen Vorstellungen einer ewigen Liebe. Es spielt keine Rolle, dass wir einander manchmal nerven und uns streiten. Der russische Schriftsteller Fjodor Dostojewski hat uns dafür einen Satz hinterlassen.

Einen Menschen zu lieben heißt, ihn so zu sehen, wie Gott ihn gemeint hat.

Ich will, dass wir am Ende jedes Tages, den wir noch erleben werden, Allah dafür danken, dass er uns zusammengeführt hat. Mein größter Wunsch sind zwei oder drei Kinder, die ihm ähnlich sind, sodass ich an jedem Tag, an dem er nicht da ist, sie ansehen und ihn dabei wiederfinden kann.

Für das Ende unserer Reise in diesem Leben wünsche ich mir, dass wir nebeneinander begraben werden. Das mag theatralisch klingen, aber so bin ich nun mal. Falls er die Welt vor mir verlässt, wünsche ich mir, dass ich aus Kummer und Liebe zu ihm gleich nach ihm sterbe.

Es gibt da die Geschichte von Mohammed und seiner Frau. Nachdem Mohammed starb, lebte seine Frau noch lange nach seinem Tod alleine. Als sie mit achtzig Jahren im Sterbebett lag, äußerte sie einen Wunsch.

*Wenn alles Fleischliche vergessen ist und nur noch
zählt, was wirklich das Herz bewegt, wünsche ich
mir, genau an der Stelle begraben zu werden, an der
ich meinem Mann das erste Mal begegnet bin.*

Mohammed selbst hat sich auch über die Liebe geäußert.

*Wahrlich, ihr werdet niemals das Paradies errei-
chen, solange ihr nicht glaubt, und ihr werdet niemals wirklich glauben können, solange ihr euch nicht
wahrhaft liebt.*

Britta: Liebe ist trotzdem keine Seifenoper. Es gibt immer wieder Punkte in Benedikts und meiner Beziehung,
an denen sich uns die Frage aufdrängt, ob wir uns nicht
besser trennen sollten. In solchen Momenten denke ich
an die Beziehung zwischen Gott und mir. Ich bin kein
perfekter Mensch. Ich mache genug Fehler, für die mich
andere Menschen nicht gerade schätzen. Trotzdem liebt
mich Gott so, wie ich bin. Seine Liebe ist groß und treu.
Er kam in Jesus auf die Erde, um uns das Heil zu zeigen, und Jesus ging freiwillig für uns in den Tod. Der
dänische Philosoph Søren Kierkegaard meinte, die Bibel
sei ein einziger Liebesbrief Gottes an die Menschen. So
sehe ich das auch. In Zeiten, in denen ich mit meiner
Beziehung hadere, stelle ich mir die Frage, warum meine eigene Liebe so eng und begrenzt ist. Dann versuche
ich, Benedikt mit den Augen Gottes zu sehen. Es gelingt
mir nicht immer, doch dass es diese Perspektive über-

haupt gibt, macht mir Hoffnung. Wenn zwei Menschen auf die Liebe Gottes setzen und ihre Ehe daran festmachen, kann sie funktionieren, denke ich.

In der Bibel gibt es einige Stellen, die Lust auf die Ehe machen.

> *Zwei sind besser als einer allein, falls sie nur reichen Ertrag aus ihrem Besitz ziehen. Denn wenn sie hinfallen, richtet einer den anderen auf. Doch wehe dem, der allein ist, wenn er hinfällt, ohne dass einer bei ihm ist, der ihn aufrichtet. Außerdem: Wenn zwei zusammen schlafen, wärmt einer den andern. Einer allein – wie soll er warm werden? Und wenn jemand einen Einzelnen auch überwältigt, zwei sind ihm gewachsen und eine dreifache Schnur reißt nicht so schnell.*

Ich möchte an einem Sommertag heiraten. Die Messe soll mein Heimatpfarrer in meiner Heimatkirche in Zell an der Mosel halten. Als er zu uns kam, war er noch recht jung und brachte frischen Wind in die Gemeinde. Ich war ein schüchternes Kind. Er merkte es und lockte mich immer wieder aus der Reserve. Bis ich eines Tages den Mut hatte, so zurückzureden, wie er mich angesprochen hatte. Wenn ich in der Pubertät mit meinen Eltern stritt und ausziehen wollte, war er da. Auf diese Weise begleitete er mich beim Erwachsenwerden.

Ich möchte bei meiner Hochzeit ein cremefarbenes Kleid im Empire-Stil tragen. Ein schwarzes Seidenband soll die Raffung unter der Brust halten. Der Brautstrauß soll aus roten Rosen bestehen, klein und zierlich und ebenfalls mit einem schwarzen Seidenband gebunden sein. Der Gottesdienst soll feierlich sein. Das Hohelied der Liebe muss darin vorkommen.

Leg mich wie ein Siegel auf dein Herz,
Wie ein Siegel an deinen Arm!
Stark wie der Tod ist die Liebe,
Die Leidenschaft ist hart wie die Unterwelt.
Ihre Gluten sind Feuergluten, gewaltige Flammen.
Auch mächtige Wasser können die Liebe nicht lö-
schen;
Auch Ströme schwemmen sie nicht weg.
Böte einer für die Liebe den ganzen Reichtum seines
Hauses,
nur verachten würde man ihn.

Für die Feier nach der Zeremonie möchte ich eine kleine Villa in der Umgebung von Zell an der Mosel buchen, die tageweise für Hochzeiten und andere Anlässe vermietet wird. Sie liegt malerisch in den Weinbergen und sieht aus wie ein kleines Schloss.

Ich möchte nicht zu viele Gäste einladen, nur unsere Familien und engsten Freunde. Es soll ein festliches Essen geben, dazu den Wein meines Vaters. Ein klassisches Ensemble soll Antonio Vivaldis »Vier Jahreszeiten« spielen. Später soll eine Band spielen und ein DJ Housemusic auflegen. Alle sollen bis in den Morgen tanzen.

Ich gebe zu, dass ich Angst vor der Ehe habe. In meiner Familie habe ich Beziehungen auch schon scheitern sehen. Gottes Liebe als Vorbild für die Liebe zwischen uns Menschen funktioniert nicht immer. Manchmal erscheint dieser Anspruch zu hoch.

Doch die Bibel sagt, und so denke ich auch, dass Liebende als Partner zueinander gehören. Das »Ich liebe dich« soll durch das Eheversprechen vor Gott Ewigkeitscharakter haben.

Alisa: Unsere Hochzeit hat drei Teile. Den standesamtlichen Teil haben wir schon hinter uns. Es folgt noch die muslimische Hochzeit in der Moschee und die traditionelle Hochzeit. Der schönste und intimste Teil einer islamischen Hochzeit ist der in der Moschee. Wir werden dazu unsere engere Verwandtschaft, also rund fünfzig Menschen, einladen.

Ich werde ein Kopftuch tragen und eine Tracht aus dem Sandžak, Dimije genannt. Sie besteht aus einem großen Stück Stoff, einer gewaltigen weißen Pluderhose und einer weißen Bluse. Über die weiße Bluse kommt ein golden besticktes, cremefarbenes Bolero. Die Dimije schenkt traditionell die Schwiegermutter der Braut. Ich habe meine schon.

Enis wird einfach nur einen schönen Anzug tragen. Männer tragen bei uns generell nichts Traditionelles.

Bevor wir in der Moschee heiraten, werden wir ein Vorgespräch mit dem Imam führen. Er wird uns erklären, was die Ehe für Muslime bedeutet.

Britta: Bei uns nennt sich das »Traugespräch«. Der Pastor besucht das Brautpaar daheim. Man sitzt gemütlich beisammen und er fragt, wie sich das Brautpaar kennengelernt hat, damit er für die Predigt einen persönlichen Hintergrund hat. Dann erklärt er, was die Kirche unter Ehe versteht. Füreinander da zu sein, Liebe und Vertrauen in guten wie in schlechten Tagen und so weiter. Anschließend bespricht er mit dem Paar den Ablauf des Traugottesdienstes und die drei wählen die Lieder aus.

Alisa: So ähnlich wird es auch bei uns laufen. Der Imam wird vom hohen Stellenwert der Ehe im Koran sprechen. Dass jede Frau und jeder Mann, die dazu die wirtschaftliche Möglichkeit haben und die jemanden finden, den sie lieben und respektieren und der sie liebt und respektiert, heiraten soll. Er wird uns sagen, dass Ehe gegenseitige Fürsorge und Respekt bedeutet, und uns ein paar Hadithe vorlesen.

> *So wie Mann und Frau in gegenseitiger Beziehung stehen, ist auch das Verhältnis zwischen Allah und seinem Diener zu verstehen. Wenn eine Affinität zwischen Mann und Frau besteht und sie ineinander verliebt sind, so gilt ein solches Paar als besonders segenbringend und wertvoll.*

Danach werden wir ihm Fragen stellen. Er wird uns erklären, was am Tag der Hochzeitszeremonie passieren wird, und uns daran erinnern, dass wir zwei Zeugen mitnehmen sollen.

In der Moschee werden wir gegenüber dem Imam sitzen und neben uns unsere Zeugen. Alle anderen Gäste werden hinter uns sitzen.

Enis wird seinen Bruder als Zeugen aufbieten und ich meine beste Freundin. Ich mag seinen Bruder. Er ist sehr klug und hat viel Humor. Er sagt immer, dass ich in der Familie die Nummer sechs sei – Nummer fünf sei der Fernseher, an dessen Bedeutung bei der Ljajic-Familie ich nie herankommen werde. Das bringt mich immer zum Lachen. Durch ihn bin ich in Enis' Familie nicht lange eine Fremde geblieben.

Britta: Ich könnte mir meinen kleinen Bruder als Trauzeugen vorstellen. Als Kinder haben wir jede Menge Unsinn miteinander getrieben, unsere Großmutter geärgert zum Beispiel. Später habe ich ihn als große Schwester zu Freunden mitgenommen. Jetzt gehen wir manchmal zusammen feiern, ins Kino oder fahren einfach in die Stadt, wenn ich daheim bin. Wir können über fast alles miteinander reden und manchmal machen wir Dinge, für die wir eigentlich zu alt sind, eine Wasserschlacht im Sommer zum Beispiel.

Alisa: Wenn wir Platz genommen haben, wird der Imam mit seiner Predigt beginnen. Er wird vor allen Anwesenden wiederholen, was er schon beim Vorgespräch mit uns gesagt hat. Dann wird er jeden von uns dreimal fragen, ob wir mit dem Eheversprechen einverstanden sind. Schließlich wird er die Zeugen fragen, ob sie alles gehört haben. Ab dem Moment, in dem sie das bestätigt haben, werden wir vor Allah verheiratet sein.

Britta: Bei uns ist der Bund der Ehe besiegelt, sobald das Paar die Ringe tauscht. Für das Eheversprechen gibt es zwei Versionen. Entweder der Priester fragt zuerst den Mann und dann die Frau oder die beiden wenden sich einfach aneinander und sprechen sich das Eheversprechen gegenseitig zu. Die zweite Variante wählen nur die Mutigen. Die erste Variante, die nur ein schlichtes »Ja« statt dem ganzen Text des Versprechens erfordert, ist einfacher. Frauen wollen das Gelübde eher selbst sprechen, während den Männern die Version mit dem einfachen »Ja« lieber ist. Männer bekommen vor dem Traualtar eher weiche Knie als Frauen. Ich habe schon erlebt, dass ihnen während des Gelübdes die Stimme versagte oder dass sie weinten.

Alisa: So wie uns der Imam dreimal fragen wird, werden wir uns das Eheversprechen auch dreimal geben. Einmal reicht nicht, um etwas klar und deutlich auszusprechen. Wer etwas dreimal sagt, hat genug Zeit, um sich seiner Sache sicher zu sein. Er bestätigt damit, dass er es ernst meint.

Britta: Das Eheversprechen geben wir uns nur einmal, aber es gibt viele andere Dinge in der Liturgie, die wir dreimal tun. Die Zahl Drei steht in der Bibel für Göttlichkeit und Heiligkeit.

Alisa: Nach der Bestätigung durch die Zeugen wird der Imam verkünden, dass wir jetzt vor Allah Mann und Frau sind. Er wird uns das Beste für unseren Weg wünschen. Danach werden wir einander umarmen oder küssen, je nachdem. Ich glaube, ich werde Enis eher umarmen. Küssen können wir uns, wenn wir allein sind. Vor so vielen Menschen wäre mir das eher peinlich.

Britta: Solange das Brautpaar beim Küssen nicht übertreibt, finde ich das ganz in Ordnung. Manche übertreiben allerdings ziemlich. Dann ist auch gleich die Schminke weg.

Alisa: Nach der Umarmung werden alle zu uns kommen und uns herzlich gratulieren. Wir werden gemeinsam in der Moschee essen, an Sofras, die der Imam extra zu diesem Zweck aufstellen lassen wird. In den meisten Moscheen gibt es dafür Nebenräume. Doch bei der Hochzeit einer Freundin haben alle nach der Zeremonie direkt im Gebetsraum gegessen und ich möchte es auch so halten.

Noch in der Moschee wird der Eintrag in ein Buch erfolgen, der besagt, dass wir verheiratet sind. Wir und unsere Zeugen werden unterschreiben. Der Imam wird uns einen Koran oder Bücher über die Ehe schenken.

Britta: Bei uns gibt es für diesen Eintrag die Traubücher. Außerdem wird eine Eheschließung in den kirchlichen Unterlagen der Gemeinde und in der Heiratsurkunde vermerkt. Es unterschreiben ebenfalls das Paar und die Trauzeugen. Der Priester schenkt dem Paar meist eine Bibel und ein Kreuz zum Aufhängen.

Alisa: In der Moschee besprechen die Familien traditionell auch, wie viel der Mann der Frau als Brautgeld zahlen muss. Das ist ein Betrag, den die Frau frei wählen kann. Der Prophet sagte, das Mindeste, was eine Frau fordern könne, sei eine Dattel, nach oben hin seien keine Grenzen gesetzt. Manche Frauen wünschen sich eine Pilgerreise mit ihrem Mann, aber ich habe auch schon von Beträgen in Höhe von 5.000 Euro gehört.

Scheidungen sind bei uns im Sandžak übrigens selten. Die meisten Paare kämpfen bis zum bitteren Ende um ihre Ehe. Zuerst versuchen sie, das Problem zu zweit zu lösen. Ist das nicht möglich, holen sie ihre Eltern dazu. Können auch die das Problem nicht lösen, sprechen sie vor Allah dreimal die Worte: »Ich möchte mich scheiden lassen.«

Danach müssen sie drei Monate warten, um sicher zu sein, dass die Frau nicht schwanger ist. In diesen drei Monaten haben sie auch Zeit, sich alles noch einmal zu überlegen. Dann dürfen sie wieder heiraten.

In meiner Verwandtschaft hat sich noch niemand scheiden lassen. Zwar gehen alle in ihren Ehen durch schwere Zeiten und streiten, aber bei uns hält die Gemeinschaft alles zusammen. Da spielt auch das Schamgefühl und was die anderen über einen denken würden eine Rolle. Wenn Kinder da sind, kommt für die meisten eine Scheidung gar nicht in Betracht. Die Ehe ist für die meisten eine Verbindung fürs Leben, die sie nicht so einfach aufgeben.

Britta: In der Bibel steht: »Was Gott verbunden hat, darf der Mensch nicht trennen.« Die kirchliche Ehe kann zwar nicht geschieden werden, aber man darf sich aus triftigen Gründen trennen. Gewalt in der Ehe ist so einer, oder wenn ein Partner dem anderen Geheimnisse vorenthält, oder wenn einer keine Kinder bekommen will. Bloß heiraten dürfen die Ehepartner nicht wieder, es sei denn, ihre Ehe ist ungültig geschlossen worden und kann durch das Kirchengericht annulliert werden. Dazu müssen die Gründe triftig sein. Eine Eheannullierung ist meistens ein sehr mühevoller und schmerzhafter Prozess.

Alisa: Bei uns findet normalerweise am ersten Tag die standesamtliche Trauung, am zweiten Tag das Gelübde in der Moschee und am dritten Tag die traditionelle Feier statt. Bei Enis und mir verteilt sich das Ganze ein bisschen. Am Standesamt waren wir bereits, die muslimische Hochzeit steht uns noch bevor und danach folgt die traditionelle Feier im Sandžak, die aber nur im Sommer stattfinden kann. Davor kommt noch der Hennaabend, bei dem die Eltern der Braut traditionell ihre Tochter verabschieden. Ich werde bei meinen Eltern sein und alle meine Verwandten und Freundinnen werden kommen. Wir werden gemeinsam dasitzen, lachen, Kaffee trinken und Süßigkeiten essen.

Britta: Auch bei uns gibt es jeweils einen Abend für die Frauen und einen »Junggesellenabschied« für die Männer. Alle machen nur Unsinn. Das Ritual hat allerdings viel von seinem Sinn verloren, weil viele Paare schon jahrelang zusammenleben, ehe sie heiraten.

Alisa: Der Abend heißt bei uns Hennaabend, weil die Braut sich die Hände mit Henna bemalt. Die Farbe Rot symbolisiert Fruchtbarkeit und steht für eine große Liebe, viele Kinder und Wohlstand. Am Morgen danach kommt dann die Familie meines Mannes in die Stadt. Es werden so an die sechzig Autos sein, die während der Fahrt zu uns ständig hupen.

Alle Autos werden geschmückt sein, besonders jenes, in das ich steigen werde. Wir werden allen Gästen einen Empfang in unserem Garten bereiten und Kaffee und Getränke servieren. Die Männer werden draußen auf den Bänken sitzen, während die Frauen hereinkommen werden und die Braut sehen dürfen.

Enis' Mutter wird mit drei Brautjungfern und den Trauzeugen kommen. Wenn nur Frauen im Raum sind, werde ich mich ihnen zeigen.

Enis' Bruder wird dazukommen und einen Ring für mich dabeihaben. Ich werde dastehen und meine Hände gefaltet halten. Er wird zweimal andeuten, dass er mir den Ring ansteckt, doch erst beim dritten Mal wird er es wirklich tun. Danach werde ich den Trauzeugen, meiner Schwiegermutter und den Brautjungfern Getränke servieren und sie werden mir Geld auf das Tablett legen.

Anschließend werden wir alle in die Ortschaft Duga Poljana fahren, deren Name so viel wie »das weite Feld« bedeutet. Enis' Eltern haben dort ein Haus mit Ausblick auf die Natur. Er hat sich schon als Kind gewünscht, dort einmal seine Hochzeit zu feiern.

In Duga Poljana fahre ich zuerst zu Enis' Eltern und ziehe mich dort um. Enis wird oberhalb des Elternhauses ein riesiges Zelt aufgebaut haben, mit Sitzplätzen sowohl im Inneren als auch davor. Fünfhundert Gäste werden da sein. Eine Band wird für sie jugoslawische Lieder spielen. Hochzeiten sind bei uns immer sehr fröhlich und es wird bis in die Nacht durchgetanzt. Meine Haare sollen offen sein und mein Kleid soll feenhaft sein. Ich möchte mich wie in einem Märchen fühlen.

Es ist auch in gewisser Weise wie in einem Märchen. Der Koran sagt, dass Allah alles, was wir Menschen erleben, vorherbestimmt hat. Es gibt ein riesiges Buch, in dem alles schon steht. Nur Weniges können wir selbst beeinflussen. So stand wohl auch fest, dass ich Enis kennenlernen würde. Dass wir uns sechs Jahre nach unserer ersten Begegnung wieder trafen, bestätigt für mich, dass Enis ein Geschenk Allahs an mich ist. Deshalb werde ich immer für unsere Liebe und unsere Ehe kämpfen.

Britta: Mit der Liebe und einer Beziehung ist es genauso wie mit dem Glauben. Wir müssen um beides kämpfen, um es zu behalten. Aber das lohnt sich.

Ein Passagier, der sich anscheinend in seinem Abteil nicht wohlgefühlt hatte, kam in unseres, verstaute sein Gepäck und nahm Platz. Wir waren so sehr in unser Gespräch vertieft, dass wir ihn während der ganzen Fahrt nach Győr kaum wahrnahmen. Wir konnten uns hinterher nicht einmal daran erinnern, wie er ausgesehen hatte. Das, obwohl er uns, oder zumindest unser Gespräch, sehr wohl wahrnahm. Er saß die ganze Zeit über nur da, las nicht, hörte keine Musik und schlief nicht. Das war einer der Gründe, weshalb wir uns entschieden haben, dieses Buch zu schreiben.

Leid

Alisa: 1991, als der Krieg in Bosnien wütete, fragte ich mich zum ersten Mal, warum Allah so viel Leid unter den Menschen zulässt. Als Kind verstand ich Leid nicht, konnte es nicht erfassen und nicht verarbeiten. Also fragte ich meine Mutter. Sie ertrug es selbst kaum, im Fernsehen zu sehen, was mit den in den Kriegswirren gefangenen Menschen geschah. »In schwierigen Situationen prüft Allah unsere Standhaftigkeit«, sagte meine Mutter. »Denn erst in der Not zeigt sich, wer an ihn glaubt und wer nicht. Es gibt keine Prüfung, die Allah uns schickt, die wir Menschen nicht meistern können.«

Das war mir zu einfach. Ich verstand, was sie meinte, als Antwort reichte es mir trotzdem nicht. Es schien mir, als würde sie mich mit einem Gemeinplatz abspeisen wollen. Als ich meine Großmutter fragte, erzählte sie mir die Geschichte von Ajjub.

Ajjub ist ein Mann, der viel Land besitzt, eine glückliche Familie hat und Allah jeden Tag dafür dankt. Bis der Satan sich seinetwegen an Allah wendet. »Ajjub dankt dir für alles, aber ich glaube, dass sein Dank nicht ehrlich ist«, sagt der Satan.

Allah beschließt, Ajjub zu prüfen, indem er ihm seine Söhne nimmt. Als Ajjub glaubt, seine Söhne seien gestorben, weint er. »Oh du Gütiger«, sagt er im Gebet zu Allah. »Meine Söhne waren ein Segen, den du mir anvertraut hattest. Es war dein Wille, sie alle auf einmal wieder zu dir zu nehmen. Ich preise dich und weiß, dass es mir niemals möglich sein wird, dir für all deine Segensgüter zu danken.«

Britta: Ajjub heißt bei uns Hiob. In der Bibel schließen Gott und der Satan eine Art Wette ab. Dabei lobt Gott Hiob als sehr gläubigen und rechtschaffenen Menschen, während der Satan meint, dass Hiobs Frömmigkeit nicht uneigennützig sei. Er unterstellt Hiob, dass er Gott nur aufgrund seines glücklichen Lebens liebe. Gott lässt also zu, dass der Satan Unheil über Hiob bringt, um seinen Glauben zu prüfen. Dabei befiehlt er ihm allerdings, Hiob am Leben zu lassen. Trotz vieler aufeinanderfolgender Schicksalsschläge erkennt Hiob, dass er alles, was er besitzt, nicht sich selbst verdankt, sondern Gott. Als ihm der Satan seine zehn Kinder nimmt, ergibt er sich seinem Schicksal.

Der Herr hat gegeben, der Herr hat genommen.

Alisa: Im Koran traut der Satan seinen Ohren nicht, als sich Ajjub neuerlich so dankbar zeigt. Er intrigiert weiter bei Allah gegen Ajjub, worauf der Ajjub auch seinen Reichtum nimmt. Noch immer bleibt Ajjub dankbar. »Oh Allah«, sagt der Satan. »Ajjub dankt dir nur, weil er möchte, dass du ihm seine Söhne und seinen Reichtum zurückgibst. Du wirst sehen, sobald du ihm seine Gesundheit nimmst, ist Schluss mit seiner Demut.«

Ajjub wird schwer krank. Derart von Unglück heimgesucht, verliert er alle seine Freunde. Die glauben, Allah hätte ihn verlassen. Der einzige Mensch, der noch zu Ajjub steht, ist seine Frau.

Britta: In der Bibel wird Hiob auch von seiner Frau im Stich gelassen. »Womit habe ich es verdient, das alles mit dir durchmachen zu müssen?«, fragt sie. »Wende dich von deinem Gott ab. Du siehst doch, dass er dir alles nimmt.« Hiob entgegnet ihr: »Wie eine von den Törinnen redest du. Ach, das Gute sollen wir annehmen von Gott, und das Übel sollen wir nicht annehmen?«

Zu diesem Zeitpunkt ist Hiob bereits mit Geschwüren übersät, aus der Gesellschaft ausgestoßen und dem Tod nahe.

Alisa: Ajjub ist irgendwann auch mit Geschwüren übersät, und trotzdem zeigt er sich weiter dankbar. »Oh Allah«, betet er. »Als dein unscheinbarer Diener hatte ich den Segen, gesund zu sein, von dir erhalten. Wenn du diesen Segen wieder zurücknimmst, unterwerfe ich mich mit Leib und Seele deinem Willen. Wie kann ich dir für den Segen, zu leben, und den Glauben an dich, den du mir geschenkt hast, danken?«

Nun droht auch Ajjubs Frau zu resignieren. »Wie lange will Allah dich noch strafen?«, fragt sie ihn. »Warum bittest du ihn nicht darum, deinen Kummer zu beenden und das Unheil von dir zu nehmen?«

»Wie lange hast du ein Leben in Pracht und Segen gehabt?«, fragt Ajjub sie.

»Achtzig Jahre«, antwortet sie.

»Wie lange schon hast du ein hartes Leben?«, fragt er weiter.

»Sieben Jahre.«

»Genau deshalb schäme ich mich, Allah zu bitten, das Leid von mir zu nehmen«, sagt Ajjub. »Die Segenszeit war viel länger, als es die Zeit des Leides ist.«

Ajjub ist schließlich hoffnungslos krank. »Oh Allah«, seufzt er, »nicht du, sondern der Satan hat mich ins Leid gestürzt. Du bist der Barmherzigste aller Barmherzigen.«

Erst jetzt ist Allah überzeugt von Ajjubs Ehrlichkeit. »Ajjub«, sagt er, »setz den Fuß auf die Erde. Eine frische Quelle wird hervortreten. Trink von ihrem Wasser und reinige deinen Körper mit ihr. Du wirst gesundet sein und wieder jung werden.«

Ajjub bekommt daraufhin seine Söhne zurück. Seine Familie ist wieder vereint. Auch seinen Reichtum bekommt er wieder, und von allem sogar mehr, als er davor gehabt hat. So steht es im Koran.

Wir schenkten ihm seine Familie und noch einmal so viel dazu. Aus Barmherzigkeit von Uns und als Mahnung für diejenigen, die Verstand haben.

Britta: In der Bibel läuft die Sache etwas anders, und zwar nicht nur, was Hiobs Ehe angeht. Demnach beteuert Hiob gegenüber seinen Freunden zuerst seine Unschuld. »Ich habe nichts getan«, sagt er zu ihnen. Hiobs Freunde gehen jedoch davon aus, dass Hiob etwas Falsches getan haben müsse, denn sonst würde Gott ihn nicht so behandeln. Sie sagen, dass Hiobs Leid eine Folge seiner menschlichen Schwäche sei und Gott ihn durch das Leid zurechtweisen wolle. Hiob beharrt jedoch auf seiner Unschuld und lehnt die von seinen Freunden vertretenen Positionen ab. Als er schließlich ganz alleine und nicht einmal mehr seines Lebens sicher ist, beklagt er sich bei Gott. »Oh Gott«, sagt er. »Warum habe ich das verdient? Ich war immer ein gerechter und gottesfürchtiger Mensch.«

Weil Gott ihm keine Antwort gibt, wird Hiob zornig. Er schreit und klagt Gott an.

> *Wie kannst du mein Leid zulassen, wenn du ein gerechter und liebender Gott bist?*

Seine Freunde weisen Hiob zurecht und werfen ihm Gotteslästerung vor. Sein Freund Elihu rät ihm, Gottes Handeln als großes Geheimnis zu akzeptieren. Doch Hiob bleibt standhaft, zweifelt am Prinzip »Lohn – Strafe« und fordert Gott heraus. Erst in der Stille findet er wieder zu sich. Da endlich kann er Gottes Stimme vernehmen.

> *Wer ist es, der den Ratschluss verdunkelt mit Gerede ohne Einsicht?*

Unserem Sprachverständnis angepasst erschließt sich der Sinn dieser Worte leichter.

> *Wie kannst du es dir anmaßen, meinen Heilsplan durchschauen zu wollen?*

Gott erzählt Hiob von der Schöpfung, denn in ihr zeigt sich seine Allmacht und Stärke, auch über das Böse und Unberechenbare.

Die Frage, woher das Leid kommt, erklärt die Bibel nicht direkt. Das erklärt sich nur mit Blick auf die Wette zwischen Gott und dem Satan. Gott hat zugelassen, dass der Satan Hiob erprobt.

Hiob bereut die Anklage Gottes schließlich und unterstellt sich ihm.

> *Ich habe erkannt, dass du alles vermagst. Kein Vorhaben ist dir verwehrt. Wer ist es, der ohne Einsicht den Rat verdunkelt? So habe ich denn im Unverstand geredet über Dinge, die zu wunderbar für mich und unbegreiflich sind. Vom Hörensagen nur hatte ich von dir vernommen. Jetzt aber hat mein Auge dich geschaut.*

Im Hören und Sehen Gottes kann Hiob sein Schicksal annehmen. Obwohl sich die äußeren Umstände zunächst nicht ändern, ändert sich etwas im Inneren Hiobs. Er gewinnt ein tiefes Vertrauen in Gott, denn er weiß, dass er da ist.

Am Ende der Geschichte stellt Gott Hiobs Glück wieder her. Er erkennt an, dass Hiob, im Gegensatz zu seinen Freunden, nie falsch über ihn gesprochen hat. Gott ist kein »Erbsenzähler«, der gute gegen böse Taten aufrechnen und sich den Menschen dementsprechend zuwenden oder ihnen sein Heil entziehen würde.

Ich selbst fragte mich zum ersten Mal, warum Gott Leid zulässt, als eine meiner Freundinnen erkrankte. Ich war damals zehn Jahre alt. Meine Mutter versuchte mir zu verheimlichen, wie schlecht es um sie stand, doch ich kam rasch dahinter. Sie hatte Kehlkopfkrebs, doch ihre Heilungschancen waren gut und sie schaffte es schließlich, den Krebs zu besiegen. Ein anderes Mädchen, die Enkelin einer Nachbarin, lag mit ihr im Krankenhaus. Ihre Prognose sah ernst aus.

Als ich ein Kind war, stellte ich mir Gott als einen weisen alten Mann vor, der unauffällig Wunder vollbringt. Er war dafür zuständig, Menschen, die in eine schwierige Lage geraten waren, zu helfen, sie einfach aus ihrem dunklen Loch herauszuholen. Doch mit zunehmendem Alter wurde mir bewusst, dass wir dann nicht lernen würden, mit diesen Herausforderungen umzugehen. Außerdem stellte ich mir die Frage, ob wir für die glücklichen Momente in unserem Leben überhaupt Dankbarkeit empfinden könnten, wenn wir das Leid nicht kennen würden. Die richtige Frage ist nicht, warum Gott Leid zulässt, sondern wozu.

Gott kennt unser Leid, glaube ich. Er weiß genau, wie es sich anfühlt. Doch er will uns nicht einfach am Leid vorbeihelfen. Jesus sagt, dass jeder Mensch sein eigenes Kreuz, seine eigene Last zu tragen habe. Deshalb will Gott uns vielmehr durch das Leid hindurchhelfen, indem er bei uns ist. Gemeinsam mit ihm können wir lernen, mit unserem Leid umzugehen und unserem Leben eine neue Richtung zu geben, die uns stärker macht.

Wenn es mir gut geht und ich darüber nachdenke, warum Gott Leid zulässt, fallen mir diese Dinge ein. Manchmal denke ich an Stellen in der Bibel, die sich mit unseren Sorgen befassen.

> *Der Herr ist nahe denen, die zerbrochenen Herzens sind, und hilft denen, die ein zerschlagenes Gemüt haben.*

Der Theologe Klaus Berger vergleicht den Umgang mit dem Leid mit einem Völkerballspiel.

> *Das Leid ist wie ein Ball, der auf uns zufliegt. Wir können versuchen, ihm auszuweichen, doch irgendwann trifft es jeden. Entweder lassen wir uns von diesem Ball umwerfen, oder wir fangen ihn auf und werfen ihn zurück – geben ihm eine andere Richtung.*

Obwohl diese Sätze plausibel klingen, kommen sie mir wie hohle Phrasen vor, wenn ich selbst gerade in einer schweren Lage bin oder das Leid anderer Menschen miterlebe. Dann verstehe ich meistens gar nichts und denke mir oft nur eins. Und was machst du jetzt, Gott? Wo bist du?

Obwohl ich theoretisch weiß, dass er da ist, kann es sehr lange dauern, bis ich seine Nähe wieder spüre.

Alisa: Leidensfragen, die an Allah gerichtet sind, reichen wohl über unsere Vernunft hinaus. Immanuel

Kant meinte, es gebe in der Metaphysik Dinge, bei denen die Vernunft an ihre Grenzen stoße, Dinge, die wir nicht hinterfragen könnten. Die Theologie finde diese Grenzen in der Frage, warum Gott Leid zulasse, meint Kant. Ich glaube daran, dass es eine Gerechtigkeit gibt, aber die manifestiert sich nicht absolut im Diesseits. Die absolute Gerechtigkeit wartet im Jenseits auf uns.

Britta: Friedrich Hegel schrieb, dass Gott, der Absolute, mit dem Tod Jesu am Kreuz auch die Situation des Todes mit uns Menschen geteilt habe. Weil das Absolute damit auch den Tod umfasst, würde der Tod, der ja eigentlich etwas Negatives sei, in etwas Positives verwandelt. Das sei der Tod des Todes.

Alisa: Was wurde aus dem anderen Mädchen im Krankenhaus?

Britta: Auch sie wurde geheilt, hatte aber einen Rückfall. So ging es eine Weile. Auf viele Heilungen folgten viele Rückfälle. Irgendwann sagten die Ärzte, sie könnten jetzt nichts mehr für sie tun. Für sie kam das nicht unerwartet und deshalb warf es sie nicht völlig aus der Bahn. Sie sagte, dass sie sich viel mit dem Tod auseinandergesetzt und keine Angst vor ihm habe.

Wenn der Sinn des Lebens darin besteht, Gott näher zu kommen, dann hat dem Mädchen das Leid dabei geholfen. Sie ist daran gewachsen. Sie hat im Alter von erst 19 Jahren ihre gesamte Beerdigung von der Messe bis zur Gestaltung ihres Grabes selbst geplant. Zum Schluss starb sie in aller Seelenruhe, mit ihrer Familie um sich und im Vertrauen darauf, dass sie bei Gott ihre Erfüllung finden und nicht mehr leiden würde. Für mich ist das wahrer Glaube.

Alisa: Für mich bedeuten wahrer Glaube und echte Liebe ebenfalls in erster Linie Annahme und Hingabe. Beides basiert auf einem Urvertrauen in Allah. Ich habe etwas darüber im Buch »Credo« des Benediktinermönchs David Steindl-Rast gelesen.

> *Aus dieser globalen Sicht müssen wir heute zugeben, dass jede Religion Ausdruck eines allen Menschen gemeinsamen Urvertrauens auf den Sinn des Lebens ist. Ich glaube, dass dieses Urvertrauen ohne rational argumentatives Verständnis und die daraus entstehende, logisch bewusste Akzeptanz auskommen muss. Dass man sich einfach fallen lassen muss in die Arme Gottes.*

Der zweite Grund, warum wir uns entschieden, dieses Buch zu schreiben, waren die Erinnerungen, die wir hinterher an dieses Gespräch hatten. Wir hatten es beide als gleich intensiv erlebt. Trotzdem waren bei jeder von uns ganz andere Passagen davon hängen geblieben und jede hatte andere Erkenntnisse daraus gezogen. Wir dachten, dass vielleicht unser stummer Zuhörer, an dessen Gesicht wir uns nicht erinnern konnten, wieder andere Erkenntnisse daraus gezogen hatte und dass jeder, der es nachlesen würde, seine eigenen ziehen könnte. In diesem Gedanken lag etwas die Welt Verbindendes.

Trotzdem hatten wir beide auch Vorbehalte, die dadurch, dass wir unseren Glauben und vieles von unseren Lebenserfahrungen in der jeweils anderen wiederfanden, nicht kleiner wurden. Vorbehalte, die wir zuerst nicht auszusprechen wagten, vielleicht weil sie uns platt erschienen durch den vielfachen Gebrauch im öffentlichen Dialog zwischen Christentum und Islam. Irgendwann taten wir es trotzdem.

Vorbehalte

Alisa: Mag sein, dass es viele Gemeinsamkeiten zwischen unseren Religionen gibt. Trotzdem sind da einige Dinge bei euch, die ich überhaupt nicht verstehe. Zum Beispiel die Sache mit der Dreifaltigkeit. Wenn wir Muslime beten, dann beten wir zu Allah und nicht etwa zu einem Propheten. Ihr Christen betet zu Gott, dem Vater, zu Jesus, seinem Sohn, und zum Heiligen Geist. Dann sagt ihr, dass ihr wie wir an einen Gott glaubt.

Britta: Dreifaltigkeit heißt nicht, dass es drei Götter gibt. Es gibt nur ein göttliches Wesen, das sich den Menschen in drei unterschiedlichen Personen nähern kann. Als der Vater, als Jesus, der Sohn, oder als der Heilige Geist. Du kannst dir die Dreifaltigkeit als Kleeblatt vorstellen. Es hat zwar drei Blätter, aber sie bilden miteinander einen Klee.

Zu Gott, dem Vater, bete ich als meinem Schöpfer. Zu Jesus bete ich wie zu einem Freund, der mich durch mein Leben begleitet. Er war genauso Mensch, wie ich Mensch bin, und versteht mich deshalb in allen Lebenssituationen. In Jesus begegnet Gott mir sozusagen auf Augenhöhe. Zum Heiligen Geist bete ich als göttlicher Kraft und göttlicher Liebe, die mein Handeln und die Welt leitet. Er ist in mir, in meinem Herzen, wenn ich es zulasse.

Alisa: Bei uns drücken sich die verschiedenen Beziehungen, die wir zu Allah haben können, durch Allahs 99 Namen aus.

1. Der Gnädige

2. Der Barmherzige

3. Der Herrscher und König

4. Der Heilige, der Reine, frei allen Makels

5. Der Retter, der Verleiher des Friedens

6. Der Wahrer der Sicherheit

7. Der Beschützer und Bewacher

8. Der Erhabene, der Ehrwürdige

9. Der Gewaltige, der Unterwerfer

10. Der Vornehme, der Stolze

11. Der Schöpfer

12. Der Erschaffer, der alles aus dem Nichts erschuf

13. Der Former, der jedem Ding seine Form und Gestalt gibt

14. Der große Verzeiher

15. Der Alles-Bezwinger, dessen Willen sich niemand widersetzen kann

16. Der Geber und Verleiher

17. Der Versorger

18. Der Öffnende, der Öffner der Türen

19. Der Allwissende

20. Der die Gaben nach seinem Ermessen zurückhält

21. Der diese Gaben aber auch ausreichend und großzügig gewährt

22. Der Erniedriger der Hochmütigen und zu Unrecht Stolzen

23. Der Erhörer der Demütigen und Bescheidenen

24. Der Verleiher von wirklicher Ehre

25. Der Demütiger der Unterdrücker ihrer Mitmenschen

26. *Der Hörende*

27. *Der Sehende*

28. *Der weise Richter*

29. *Der Gerechte*

30. *Der das Feinste in allen Dimensionen erfasst, der Feinfühlige, der Gütige*

31. *Der Kundige, der um die kleinsten Rechnungen des Herzens Wissende*

32. *Der Nachsichtige, der Mitfühlende*

33. *Der Großartige, der Erhabene*

34. *Der immer wieder Verzeihende*

35. *Der Dankbare, der seinen Diener auch für die kleinste Tat belohnt*

36. *Der Höchste*

37. *Der unvergleichlich Große*

38. *Der Bewahrer, der Erhalter, der die Taten seiner Diener bis zum jüngsten Tag erhält*

39. *Der alle Ernährende*

40. *Der genau Berechnende, der Garant*

41. *Der Majestätische*

42. *Der Ehrenvolle, der Großzügige*

43. *Der Wachsame*

44. *Der Erhörer der Gebete*

45. *Der Weite, der mit seiner Wohltätigkeit und seinem Wissen alles Umfassende*

46. *Der Allweise*

47. *Der Liebevolle, der alles mit seiner Liebe Umfassende*

48. *Der Glorreiche*

49. Der die Menschen am jüngsten Tag wieder zum Leben erwecken wird
50. Der Zeuge
51. Der Wahre, der Wahrhaftige
52. Der Vertrauenswürdige, der Helfer und Bewacher
53. Der Starke
54. Der Feste, der Dauerhafte, der einzig wirklich Starke
55. Der Schutzherr eines jeden, der seinen Schutz und seine Leitung braucht
56. Der Preiswürdige, dem aller Dank gehört
57. Der alles Aufzeichnende
58. Der Beginnende, der Urheber alles Geschaffenen aus dem Nichts
59. Der Wiederholende, der alles wieder zum Leben erwecken wird
60. Der Lebensspendende
61. Der, in dessen Hand der Tod ist
62. Der aus sich selbst Lebende
63. Der allein Stehende, der Ewige
64. Der alles Bekommende und Findende
65. Der Ruhmvolle
66. Der Eine, der niemanden neben sich hat
67. Der Einzige
68. Der von allem und jedem Unabhängige
69. Der zu allem Fähige, der Besitzer aller Macht und Autorität
70. Der alles Bestimmende
71. Der Voranstellende

72. Der Aufschiebende

73. Der Erste ohne Beginn

74. Der Letzte ohne Ende

75. Der Offenbare, auf dessen Existenz alles Geschaffene klar hinweist

76. Der Verborgene, den niemand ganz begreifen kann

77. Der einzige und absolute Herrscher

78. Der Reine, der Hohe

79. Der Gute

80. Der die Reue seiner Diener Annehmende

81. Der gerechte Vergelter

82. Der Vergeber der Sünden

83. Der Mitleidige

84. Der Inhaber aller Reichtümer

85. Derjenige, dem Majestät und Ehre gebühren

86. Der unparteiisch Richtende

87. Der Versammelnde, der alle Menschen am jüngsten Tag versammeln wird

88. Der Reiche, der niemanden braucht

89. Der Verleiher der Reichtümer

90. Der Zurückweisende

91. Der Schaden Zufügende

92. Der Vorteil Gebende

93. Das Licht

94. Der Leitung Gebende

95. Der Schöpfer des Neuen

96. Der ewig Bleibende

97. Der einzige Erbe, denn außer ihm ist nichts beständig

98. Der Führung Gebende
99. Der Geduldige

Britta: Diese 99 Namen haben auch für unsere Gottes-beziehung Bedeutung. Alle Beziehungen zwischen Allah und den Muslimen, die darin ausgedrückt sind, gelten ebenso für die Beziehungen zwischen Gott und den Christen. Ich verstehe aber auch einige Dinge am Islam nicht. Muslim zu sein, heißt zum Beispiel, sich in allen Dingen Allahs Willen zu unterwerfen. Im Christentum strebt Gott eine echte Beziehung zu den Menschen an, die Freiheit voraussetzt. Es gibt keinen Zwang.

Alisa: Um Allahs Wohlgefallen zu erlangen, müssen wir Menschen versuchen, Erlaubtes und Verbotenes mit dem Verstand, den Allah uns gegeben hat, zu unterschei-den und danach zu leben. Das hat nichts mit Zwang zu tun. Wenn ich Allah als Liebe und Barmherzigkeit wahr-nehme, ist die Suche nach seinem Wohlgefallen keine Unterwerfung. Das sagt schon die deutsche Übersetzung des Wortes »Islam«. Es bedeutet so viel wie »freiwillige Hingabe an Gott«.

Ich gebe allerdings zu, dass die Sache für uns Muslime etwas schwieriger ist als für euch Christen. Ihr könnt zum Beispiel einfach sündigen. Es reicht, wenn ihr da-nach beichtet und euch der Priester die Absolution er-teilt. Schon ist wieder alles in Ordnung.

Im Islam würde sich das ein Geistlicher nie anma-ßen. Das heißt nicht, dass bei uns Sünden nicht vergeben werden. Urteilen kann aber nur Allah und wir müssen ihn selbst um Vergebung unserer Sünden bitten. Es reicht bei uns nicht, in einer Moschee über unsere Sünden zu sprechen und das wars dann. Es geht bei uns darum, ehrliche Reue zu zeigen. Wenn ein Muslim das tut, vergibt ihm Allah.

Britta: Ich stand der Beichte früher auch kritisch gegenüber. Ich dachte immer, dass ich keinen Priester zur Vergebung meiner Sünden bräuchte und alles mit Gott selbst ausmachen könnte. Je intensiver meine Beziehung zu Gott wurde, desto mehr habe ich meine Fehler und meine dunklen Seiten gesehen. Ich war nicht mehr sicher, ob Gott mir wirklich vergab. Also setzte ich mich mit der Beichte auseinander.

Gott will, dass wir immer wieder mit uns und unseren Mitmenschen versöhnt sind. Das ist der Kern der Beichte. Deshalb hat Jesus seinen Aposteln, deren Nachfolger die Bischöfe sind, den Auftrag gegeben, Menschen in Gottes Namen von ihren Sünden loszusprechen. Die Bischöfe gaben diesen Auftrag auch an die Priester weiter.

Zur Vergebung gibt es in der Bibel die Geschichte von einem Vater, der zwei Söhne hat. Der jüngere will die weite Welt kennenlernen und fordert seinen Erbteil, was damals als Anmaßung galt. Der Vater lässt ihn trotzdem damit ziehen. Der Sohn bringt das ganze Geld durch und landet in der Gosse. Als er Schweine hüten muss und nicht einmal Schweinefutter zu essen bekommt, überlegt er, zu seinem Vater zurückzugehen und ihn zu fragen, ob er als Knecht für ihn arbeiten könne, gegen Essen als Entlohnung. Doch der Vater empfängt ihn mit offenen Armen. Statt ihn zu maßregeln oder ihm Vorhaltungen zu machen, feiert er ein Fest und schlachtet sein bestes Kalb. Wie dieser Vater seinen Sohn, so empfängt uns auch Gott immer wieder mit offenen Armen.

Zu Weihnachten vor einem Jahr legte ich zum ersten Mal eine Lebensbeichte ab, von der ich dir schon erzählt habe. Alles offen auszusprechen kostete mich eine ziemliche Überwindung und anfangs weinte ich viel dabei. In dem Moment, als ich so vor Gott meine Sünden aussprach, wurden sie neu gegenwärtig.

Dass ich manchmal Geheimnisse ausplauderte, gehörte dazu, dass ich über andere schlecht redete und urteilte oder dass ich Dinge, statt sie in Ordnung zu bringen, einfach liegen ließ. Ich konnte all das nun nicht mehr unter den Teppich kehren und ich empfand tiefe Reue. Die ausgesprochene Zusage des Priesters, dass Gott mir meine Sünden vergeben hat, war ein Geschenk. Von da an konnte ich wieder unbelastet leben.

Ich wollte einiges ändern, um nicht die gleichen Fehler wieder zu machen. Der Sinn der Beichte besteht ja nicht darin, alles aufzusagen und dann weiterzumachen wie bisher. Vor Kurzem habe ich in einem Buch ein Zitat gelesen, das mein Gefühl nach der Beichte ziemlich genau wiedergibt.

Die Sekunde nach der Lossprechung ist wie eine Dusche nach dem Sport. Wie die frische Luft nach einem Sommergewitter. Wie das Aufwachen an einem strahlenden Sommermorgen. Wie die Schwerelosigkeit eines Tauchers. So wie der verlorene Sohn bei seiner Rückkehr vom Vater mit offenen Armen wieder aufgenommen wird, so heißt Versöhnung: Wir sind wieder mit Gott im Reinen.

Es gibt da noch etwas, das ich am Islam nicht ganz verstehe. Bei euch ist alles von Allah vorherbestimmt. Ein Muslim hat keine Gestaltungsmöglichkeiten in seinem Leben. Da stellt sich die Frage, ob Allah auch die bösen Dinge vorherbestimmt hat.

Alisa: Meinem Islamverständnis nach müssen wir zwischen Schicksal und unserem eigenen Bewusstsein unterscheiden. Einerseits ist tatsächlich alles vorherbestimmt, andererseits hat Allah den Menschen Verstand gegeben, um zwischen Gut und Böse unterscheiden zu können. Würde uns allein das Schicksal leiten, hätte uns Allah den Verstand gar nicht gegeben.

Wir haben unser Gewissen. Wir wissen genau, dass uns nichts und niemand zu unseren Handlungen und Entscheidungen zwingt. Es gibt Dinge, die uns beeinflussen, aber nichts nimmt uns jeden Spielraum. Wir entscheiden selbst, was wir essen, wohin wir gehen oder wie oft wir beten. Wir können aber nicht über das Geschlecht eines Kindes entscheiden oder über den Zeitpunkt unseres Todes. Die Dinge, die wir nicht beeinflussen können, sind Schicksal, und das Schicksal bestimmt Allah.

Es gibt noch einen Punkt, den ich am Christentum nicht verstehe. Ihr habt mit dem Papst einen Menschen, der unfehlbar und sündenfrei sein soll.

Britta: Jeder Mensch sündigt. Die sogenannte Unfehlbarkeit des Papstes hat deshalb nichts mit seiner moralischen Integrität oder seiner persönlichen Haltung zu tun. Sie betrifft nur sein Amt und seine Entscheidungen, soweit sie den Glauben und die Sittenlehre angehen. Unfehlbar spricht der Papst nur, wenn er Lehrentscheidungen, sogenannte Dogmen, von seinem päpstlichen Lehrstuhl aus verkündet. Diese Art der Verkündung eines Dogmas ist aber bisher erst einmal in der Geschichte der Kirche vorgekommen. Das war die »leibliche Aufnahme Mariens in den Himmel« im Jahr 1950.

Selbst dieses Dogma hat der Papst nicht verkündet, weil er es sich gerade so gedacht hat. Zuvor ließ er die Bischöfe zum Glauben der Kirche darüber befragen. Das heißt, dass eigentlich nicht der Papst unfehlbar ist, sondern die Kirche insgesamt, und die ist es, weil Jesus den Menschen den Heiligen Geist geschenkt hat und der Heilige Geist sie die Wahrheit des Glaubens erkennen lässt. Das nennen wir den Glaubenssinn der Menschen, der nicht fehlgeleitet sein kann. Der Glaubenssinn einzelner Menschen mag fehlgeleitet sein, aber nicht der Glaubenssinn aller gemeinsam.

Würden die Katholiken ein Dogma nicht glauben, hätte es keinen Bestand innerhalb der katholischen Kirche. Sinn des Ganzen ist die Einheit des Glaubens. Ein

Mensch, der Papst, spricht für alle katholischen Christen aus, was ihr Glaube ist, aber selbst das ist immer eine Grenzaussage. Wir können Gott nie ganz begreifen, kein Dogma hat diesen Anspruch.

Ich verstehe dafür den islamischen Dschihad nicht, den heiligen Krieg und seinen Terror. Kann es wirklich der Sinn des Islam und von Allah gewollt sein, Andersgläubige zu bekämpfen?

Alisa: Der Dschihad ist mit den Kreuzzügen im Christentum gleichzusetzen. Wenn ich vom Dschihad als heiligem Krieg spreche, meine ich damit die Zeit der islamischen Expansion vom Jahr 635 bis in das 8. Jahrhundert. Kriege, egal ob Dschihad oder Kreuzzug, sind für mich mit keiner Religion zu vereinbaren. Deshalb ist für mich Dschihad auch kein militärischer Begriff. Das Wort beschreibt die Bemühungen und Anstrengungen eines Gläubigen auf seinem Weg zu Allah. Dieser wahre Dschihad beinhaltet den unermüdlichen Einsatz jedes einzelnen Muslim gegen sein schwaches Selbst, das zum Bösen verleitet, und seine Bemühungen und Anstrengungen, ein ständig guter Mensch zu sein und gute Taten zu vollbringen. Für mich ist der Dschihad auch eine innere Suche nach Allah, der Versuch, ihn mit dem Herzen zu spüren, denn der wahre Glaube beginnt meiner Meinung nach im Herzen. Man glaubt nur mit dem Herzen gut. So steht es auch im Koran über den Dschihad geschrieben.

Und setze dich mit aller Kraft dafür ein, dass Allah
Gefallen an dir findet, so intensiv, wie es nur geht,
und wie es ihm gebührt. Er hat euch erwählt und euch
keine Härte in Glaubensangelegenheiten auferlegt.
Folgt dem Bekenntnis eures Vaters Ibrahim.

Was ich am Christentum überhaupt nicht verstehen
kann, ist der Zölibat. In allen Religionen geht es doch
um den natürlichen Schöpfungsauftrag, darum, sich zu
vermehren, und dann dürfen ausgerechnet die Priester
diesen Auftrag nicht erfüllen.

Britta: Die katholischen Priester sollen so leben, wie
Jesus gelebt hat. Jesus hat Menschen, die ihm nachfolgen
wollen, nahegelegt, um des Himmelsreiches willen ehe-
los zu leben. Das heißt, dass sie sich vollkommen in den
Dienst Gottes stellen sollen, statt an eine Familie und die
damit zusammenhängenden Verpflichtungen gebunden
zu sein. Sie sollen ganz für die Menschen da sein.

Ein Priester kann aus seiner intensiven Gottesbeziehung heraus dem Glauben anderer dienen und diese anderen in ihrer Gottesbeziehung bestärken. Mit seiner
Bereitschaft, sich Gott ganz zur Verfügung zu stellen, soll
er eine geistliche Vaterschaft ausüben.

Alisa: Mal ehrlich, verstehst du das?

Britta: Ich verstehe es, aber der Zölibat ist problema-
tisch geworden, weil viele Priester vereinsamen, wenn

keiner da ist, der zu Hause auf sie wartet. Allein aus der Liebe Gottes zu leben, funktioniert für Priester nur, wenn sie Menschen haben, die ihnen nahe sind, und wenn sie eine sehr intensive Gottesbeziehung leben. Deshalb empfinden viele den Zölibat als lebensfern. Ihn leben zu können, ist sicher eine Gnade. Mir ist sie wohl nicht gegeben.

Da ist noch etwas, das ich am Islam nicht so ganz verstehe. Wir Christen können Aussagen über das Wesen Gottes treffen, weil er sich uns in Jesus offenbart hat. Wir können uns vorstellen, wie Jesus aussieht, und Bilder von ihm anfertigen. Ihr könnt keine Einsicht in Allahs Wesen haben, weil Allah immer größer ist. Ihr dürft euch kein Bild von ihm machen.

Alisa: Meinem Islamverständnis nach gibt es keine Gottesbilder, weil sich Allah im Islam den Menschen nie gezeigt hat. Jedes Bild also, das wir uns von ihm machen würden, wäre ein falsches Gottesbild. Ich habe auch nie wissen wollen, wie Allah aussieht. Ich spüre seine Gegenwart, das ist für mich viel intensiver und ich bin ihm dabei viel näher, als wenn ich wüsste, wie Allah aussieht.

Was mich bei euch wirklich stören würde, ist die Erbsünde, von der du schon gesprochen hast. Den Sündenfall Adams und Evas erzählt die Bibel viel radikaler als der Islam. Bei euch kommt jeder Mensch mit einer Sünde zur Welt, die andere am Anfang der Menschheitsgeschichte begangen haben.

Bei uns muss nicht die ganze Menschheit darunter leiden, dass Adam und Eva gesündigt haben. Jeder Muslim kommt sündenfrei zur Welt und nicht mit einer solchen Last. Ich frage mich, wie ein neugeborenes Kind schon ein Sünder sein kann, wo doch gerade bei euch jeder Mensch selbst für seine Taten verantwortlich ist.

Britta: Der Sündenfall ist in der Bibel das Drama schlechthin. Die Sünde von Adam und Eva besteht darin, dass sie die Stelle Gottes einnehmen wollten, indem sie vom Baum der Erkenntnis aßen. Das heißt, dass sie ihr Glück ohne Gott suchen wollten. Genau auf diese Art entstanden Kriege, Ausbeutung, Sklaverei und all die anderen Laster der Geschichte. Menschen sind auch oft in böse Strukturen verstrickt, die außerhalb ihrer Verantwortung liegen.

Das heißt, das Wort »Erbsünde« bedeutet mehr »Ursünde«. Sie meint den grundsätzlichen Hang des Menschen, aus Egoismus Böses zu tun oder sein Verstricktsein in sündhafte Strukturen. Sie bezieht sich nicht auf eine konkrete historische Sünde. In der Taufe spricht Gott uns zu, dass er uns trotz unserer Sünden liebt und uns nach dem Tod zu sich nach Hause holen wird.

An dieser Stelle unseres Gesprächs erreichten wir Budapest. Es kam für uns überraschend, obwohl der Zuglautsprecher die Station schon mehrfach angekündigt hatte. Wir tauschten unsere Handynummern aus und verabschiedeten uns herzlich. Wir wussten, dass wir bald wieder in Kontakt miteinander treten würden. Das taten wir auch, wobei schließlich der Entschluss in uns reifte, dieses Buch zu schreiben.

Nachwort von Alisa

Als ich hörte, dass Britta Theologie studiert, dachte ich, eine konservative, mit Scheuklappen behaftete Person vor mir zu haben. So nahm ich teilweise auch islamische Theologen wahr. Als wir zu reden anfingen, bemerkte ich, was für ein lebensfrohes und unglaublich nettes Mädchen sie war. Es überraschte mich, wie viele Lebenserfahrungen wir teilten.

Vor Kurzem fragte mich mein Mann, wen wir zur Einweihungsparty unseres neuen Hauses einladen sollten. Ich überlegte kurz. »Britta laden wir auf jeden Fall ein«, sagte ich dann. »Sie ist meine Freundin geworden.«

Was uns so stark verbindet, ist, dass wir auf unterschiedliche Art, aber gleich intensiv glauben. Da spielt es keine Rolle mehr für mich, ob sie ihren Gott »Gott« oder »Allah« nennt. Viel mehr hat mich bewegt, wie sehr sie Gott spürt und wie nahe er ihr ist. Darin finde ich mich in Britta wieder.

Nachwort von Britta

Mit ihren blonden Haaren, blauen Augen und ihrer modernen Kleidung hätte ich Alisa auf den ersten Blick nicht für eine Muslima gehalten. Als wir diesen Punkt geklärt hatten, nahm ich an, dass sie einen krassen Wahrheitsanspruch auf ihre religiösen Ansichten erheben würde, und dachte, dass es eine anstrengende Reise werden könnte. Als ich feststellte, dass sie viel offener war, als ich erwartet hatte, merkte ich, wie sehr ich mich unwillkürlich gesellschaftlicher Klischees bediente.

Nach einer anfänglichen Befremdung war ich erstaunt über die vielen Parallelen in unseren Lebensgeschichten und merkte, dass wir sehr ähnliche Erfahrungen im Glauben gemacht hatten und dabei auf Augenhöhe waren. Alisas tief emotionaler Zugang zu Allah hat mich sehr berührt. Am Ende gelang es mir, mich in Alisa selbst wiederzufinden und dabei in meinem eigenen Glauben bestärkt zu werden.

Diese Reise hat mich gelehrt, dass vor allen Überlegenheitsansprüchen, die Religionen geltend machen, die Begegnung zählt. Die Glaubensinhalte mögen sich unterscheiden, aber in der Weise, wie wir unseren Glauben leben, liegt eine große Nähe, aus der in unserem Fall eine tiefe Freundschaft wurde.

Für all das danke ich dir, Alisa.

Konzilserklärung Nostra Aetate

Über das Verhältnis der Kirche zu den nichtchristlichen Religionen vom 28. Oktober 1965

»Mit Hochachtung betrachtet die Kirche auch die Muslim, die den alleinigen Gott anbeten, den lebendigen und in sich seienden, barmherzigen und allmächtigen, den Schöpfer des Himmels und der Erde, der zu den Menschen gesprochen hat. Sie mühen sich, auch seinen verborgenen Ratschlüssen sich mit ganzer Seele zu unterwerfen, so wie Abraham sich Gott unterworfen hat, auf den der islamische Glaube sich gerne beruft. Jesus, den sie allerdings nicht als Gott anerkennen, verehren sie doch als Propheten, und sie ehren seine jungfräuliche Mutter Maria, die sie bisweilen auch in Frömmigkeit anrufen. Überdies erwarten sie den Tag des Gerichtes, an dem Gott alle Menschen auferweckt und ihnen vergilt. Deshalb legen sie Wert auf sittliche Lebenshaltung und verehren Gott besonders durch Gebet, Almosen und Fasten. Da es jedoch im Lauf der Jahrhunderte zu manchen Zwistigkeiten und Feindschaften zwischen Christen und Muslim kam, ermahnt die Heilige Synode alle, das Vergangene beiseite zu lassen, sich aufrichtig um gegenseitiges Verstehen zu bemühen und gemeinsam einzutreten für Schutz und Förderung der sozialen Gerechtigkeit, der sittlichen Güter und nicht zuletzt des Friedens und der Freiheit für alle Menschen.«

Hans Adelmann

einfacher leben

Warum
Frank Stronachs
Bruder 2072 Mal
den gleichen
Berg bestieg

edition a

WIR KOM MEN

Inan Türkmen

edition a

Hans Adelmann
einfacher leben

Sie wuchsen miteinander in der Steier-
mark auf und als Frank Stronach seinen
ersten Mitarbeiter brauchte, holte er seinen
Halbbruder Hans Adelmann nach Toronto.
Doch bald prallten ihre Visionen aufeinan-
der: Frank wollte reich werden, Hans wollte
das Glück im Kleinen finden. Beide haben
es geschafft. Frank wurde Milliardär, Hans
führt bis heute ein einfaches Leben in der
Schweiz, bestieg mehr als zweitausend Mal
seinen magischen Berg, die Hundwiler
Höhe, und lebte teils in einer Berghütte
ohne Strom und fließend Wasser. Jetzt zieht
er ein Resümee seines Lebens und meint:
Der Verzicht auf Geld und Karriere hat sich
für ihn mehr als gelohnt.

ISBN 978-3-99001-055-6
96 Seiten, EUR 14,90